clave

Míriam Tirado es consultora de crianza consciente, escritora y periodista especializada en maternidad. Actualmente ofrece conferencias, talleres y consultorías para ayudar a las madres y los padres a conectar con sus hijos e hijas. Desde 2011 tiene un blog sobre educación y crianza consciente, y a través de su canal de YouTube y las redes sociales ofrece consejos a miles de seguidores para ayudarlos a educar a sus niños y niñas.

Entre los más de veinte libros que ha publicado, cabe destacar *Rabietas*, *Límites* y *RemoVidas*; los cuentos infantiles *El hilo invisible*, *Sensibles*, *Tengo un volcán* y *La fiesteta*, y la colección para adolescentes Me Llamo Goa.

Para más información, visita la página web de la autora:
www.miriamtirado.com

También puedes seguir a Míriam Tirado a través de sus redes sociales:
📷 @miriamtirado.cat
♪ @miriamtirado.cat
▶ miriamtirado

MÍRIAM TIRADO

Criar juntos

Cómo tener una buena relación de pareja
criando y creciendo juntos

DEBOLS!LLO

Papel certificado por el Forest Stewardship Council®

Primera edición en Debolsillo: septiembre de 2025

© 2024, Míriam Tirado
https://www.miriamtirado.com
Publicado por acuerdo con Sandra Bruna Agencia Literaria
© 2024, 2025, Penguin Random House Grupo Editorial, S. A. U.
Travessera de Gràcia, 47-49. 08021 Barcelona
Diseño de la cubierta: Penguin Random House Grupo Editorial / Begoña Berruezo Sánchez
Imagen de la cubierta: © Judit Canela

Printed in Spain – Impreso en España

ISBN: 978-84-663-7953-3
Depósito legal: B-12.082-2025

Compuesto en Promograff - Promo 2016 Distribucions
Impreso en Black Print CPI Ibérica
Sant Andreu de la Barca (Barcelona)

P 3 7 9 5 3 3

A Mr. M
Gracias infinitas
Te quiero

Índice

Introducción

Llevo varios años escribiendo sobre la relación de las madres y los padres con sus hijos. Todos mis libros incluyen algún capítulo referente a las parejas y ejemplos de los conflictos que suelen aparecer cuando tenemos descendencia. Sin embargo, en los últimos años, cada día hay más separaciones, más divorcios, más custodias compartidas, más conflictos de pareja que impactan directamente en la crianza de los hijos... Sin duda, la pandemia no facilitó las cosas, al contrario, las tensó un poco más, y muchas relaciones estallaron por los aires.

Pero esto no es algo nuevo. También yo soy hija de padres separados. A principios de los ochenta, cuando tenía cinco años, me convertí en la primera niña de mi pueblo con padres separados. Y cinco años más tarde asistí a sus respectivas bodas con sus nuevas parejas, con solo cuatro meses de diferencia entre las dos. Estoy convencida, y así lo he hablado con mis padres muchas veces, de que las movidas de la crianza de una hija siendo tan jóvenes no ayudaron en su relación. Pero la culpa no fue mía, como tampoco es culpable ningún niño o niña de la separación de sus padres. Es la falta de base común, la falta de unos valores compartidos y muchos otros motivos, por supuesto, como lo que se despierta con la maternidad y la paternidad y el impacto que tiene eso en la relación de pareja.

Lo viví hace mucho, y no solo desde una perspectiva profesional, sino también personal. Cuando nos convertimos en padres de nuestra primera hija, a mi pareja y a mí se nos despertaron emociones, sensaciones y recuerdos de los niños que fuimos. Nuestras creencias, nuestros patrones y nuestras vivencias anteriores salieron a la luz, y tuvimos que transitarlos al mismo tiempo que criábamos a un bebé que requería toda nuestra atención. Esto implicó muchas consideraciones, muchísima conversación y mucha voluntad de comprendernos y crecer juntos. Por suerte, los dos habíamos hecho terapia individual tiempo atrás, así que sabíamos cuáles eran nuestras carencias y heridas, y podíamos ver lo que ocurría no como un problema del presente, sino como una removida interior para situarnos en los adultos que entonces éramos. Tocó arremangarse y currárselo, pero lo conseguimos.

Un día, mientras impartía el retiro «Reconectando con la pareja», después de dar un *speech* bastante largo a las once parejas que me escuchaban atentas, un padre me dijo: «Tienes que escribir un libro sobre todo esto, porque te estaba oyendo y sentía que tus palabras me ayudaban, que entendía por qué nos pasa lo que nos pasa. Hazlo, por favor, lo necesitamos». Por aquel entonces no entraba en mis planes, pero esa idea fue anidando en mí.

Días después me pasé por una gran librería para ver si había libros que abordaran la relación de pareja como quería hacerlo yo, pero no encontré ninguno. Había muchos sobre relaciones amorosas, sexuales, etc., pero ninguno hablaba de relaciones de pareja y crianza ni de las movidas que a veces nos arrasan cuando nos convertimos en padres. Ese mismo día escribí a mis editores y les dije que ya sabía de qué quería hablar en el próximo libro. Cuanto más tiempo pasaba, más me apetecía y más urgente me parecía tratar este tema, así que imagínate lo feliz que me siento mientras escribo estas palabras.

Este libro está pensado, en primer lugar, para las parejas que queréis tener hijos pero no sabéis lo que viene después. Deseo aportar mi granito de arena para que estéis preparados, dialoguéis mucho y hagáis juntos el trabajo de pareja que requiere la enorme tarea de criar a un hijo. También lo he pensado y escrito para que, si tienes hijos, te entiendas, su mensaje resuene en ti y, a la vez, comprendas por qué a tu pareja le pasa lo que le pasa. De esta forma ambos podréis detectar las debilidades de vuestra relación y poneros manos a la obra para construir juntos, crecer y avanzar, si es lo que necesitáis, o para que identifiquéis el momento de cambiar de rumbo, pero desde un punto de vista consciente, que os ayude luego también a tejer una separación consciente teniendo siempre en el centro a los hijos y su bienestar. Y también lo escribo pensando en las personas que no tenéis pareja pero queréis reflexionar sobre este tema, ver qué falló en vuestras relaciones anteriores o en vosotros para tomar conciencia y cambiar patrones, creencias y prácticas que os alejan de lo que queréis.

Siempre he rechazado esa visión de que con los hijos las relaciones de pareja se resienten, se estancan o ya no avanzan de la misma forma, las relaciones sexuales desaparecen y todo va de mal en peor. Un punto de vista catastrófico muy extendido. No estoy de acuerdo con esta generalización porque, de alguna forma, hace que la responsabilidad recaiga en los hijos y la crianza, como si fuera esta la que no dejara avanzar en las relaciones amorosas, y no es así. O como si cuando se entra en la etapa de querer criar a los hijos desapareciera la posibilidad de tener una relación de pareja gozosa, feliz, con la que podamos crecer y evolucionar. Con este libro quiero transmitirte otra mirada que te empoderará y te ayudará a llevar vuestra relación a otro nivel más consciente, más empático y lleno de amor incondicional.

Por supuesto, este camino quizá conlleve dolor. Disney ha hecho mucho daño, y despertar de esa ilusión puede darnos una buena hostia, no nos engañemos. Otro aviso: este camino no es apto para quienes esperan que todo les venga dado o que todo sea culpa de los demás. Si quieres tener una relación de pareja llena de vida y crecimiento, deberás currártelo. Las cosas realmente importantes no suelen regalarse. Pero te prometo que este trabajo juntos puede que sea de lo mejor que viváis nunca: crecer con alguien al lado que te acompaña y a quien tú acompañas desde un lugar consciente, adulto y amoroso es algo maravilloso que fortalecerá vuestro vínculo cada día.

Para que no sea muy teórico y te aburra a las tres páginas (en especial a los padres, que muchas veces les cuesta la vida leer ensayos), al principio de cada capítulo he recuperado a Juan y a Dolo. ¿Has leído mi novela *RemoVidas*? Si no lo has hecho todavía, puede que te guste. Juan y Dolo son dos personajes de ese libro que se conocieron durante los aplausos de las ocho de la tarde en el confinamiento por la COVID que vivimos en España. De ahí nació una relación de amor que me ayudará a iniciar cada capítulo de este libro. A través de la identificación con esos personajes, quizá te sea más fácil detectar patrones, roces o movidas que vives o que ocurren en tu relación de pareja.

Hacía mucho tiempo que quería recuperar esa historia de amor tan potente y pasional, y este libro la pedía a gritos. Así que me siento feliz por partida doble: podré hablarte de relaciones de pareja (con hijos) y podré hacerlo a través de Juan y Dolo, dos personajes a los que quiero un montón.

Como siempre en mis libros, voy a darte dos recomendaciones. La primera es que lo subrayes, lo marques, y tengas al lado papel y boli para apuntar frases, ideas o recuerdos que se te despierten con la lectura. La segunda es que no lo leas del tirón; de esa manera irás integrando poco a poco todo lo que cuento y, lo más importante, irás dejando espacio a las emociones que te despierte la lectura. Sé amable contigo y con el libro. Imagínate que es tu postre favorito: procura disfrutarlo despacio, saborea cada bocado y permite que tu estómago lo digiera.

Intentaré que sea muy práctico, para que, a la vez que lo leas, puedas aplicar los consejos que te doy y seas capaz de ver mejoras tanto en ti como en tu relación de pareja. Así que presta mucha atención a los apartados «Te propongo…» y dedica tiempo a resolver las actividades. Tómatelo como un juego y hazlas, porque te ayudará a integrar todo lo que has leído.

Los ejemplos que comparto ajenos a la historia de Juan y Dolo son fruto de un montón de parejas que he conocido en mi vida profesional y a las que he acompañado en la crianza de sus hijos o a la hora de mejorar su relación. Si aparecen nombres, son inventados. Unas veces hablaré en femenino y otras en masculino. Es solo para hacer la lectura más amena y no tener que repetir «niños y niñas», etc., todo el rato.

Ahora ya solo queda entrar en materia, pero antes quiero que sepas que me hace feliz que estés aquí leyéndome y que me dejes acompañarte en este viaje. ¿Nos damos la mano? Vamos.

1

La vida antes de tener hijos

Dolo tenía la mano derecha metida en el bolsillo de atrás de los vaqueros de Juan cuando entraron en aquel piso del barrio del Poblenou de Barcelona siguiendo a la chica de la inmobiliaria.

—Subo las persianas rápido para que podáis ver lo bonito que es.

El apartamento olía a cerrado y se oía el eco de sus pasos. Ellos, escépticos después de haber visto diez pisos que estaban muy lejos de lo que buscaban, no esperaban que este fuese a gustarles.

A medida que la chica subía las persianas y abría ventanas y puertas, el piso se iba transformando en un lugar luminoso que dejaba al descubierto espacios grandes y agradables que Dolo ya iba rellenando en su mente.

—¡Uau! —exclamó Juan—. Cuánta luz.

Dolo sacó la mano de su bolsillo y empezó a moverse por aquel apartamento como si fuera una niña descubriendo un lugar mágico; pasaba de una habitación a otra sin hacer mucho caso a lo que la comercial les iba contando sobre el propietario, la comunidad…, hasta que a la chica le sonó el teléfono.

—Ups, me llaman. Dadme un segundo.

Salió al rellano para contestar y dejó a Juan y a Dolo solos en ese piso por primera vez.

—Juan, es este. Lo siento, lo noto.

—¿En serio? La verdad es que es precioso. El mejor que hemos visto hasta el momento.

—Me encantan la luz, las vistas, los espacios… ¿Has visto qué alto es el techo? ¿No te encanta?

—Sí, me gusta. ¿De verdad sientes que es este?

—Sí. ¿Y tú?

—Ya sabes que no soy tan brujo como tú, pero me gusta y… sí, nos veo aquí.

—¡Al fin!

Dolo se le tiró encima y le dio un abrazo de celebración de algo que todavía no sabían si podían celebrar. La chica de la inmobiliaria volvió cuando aún seguían abrazados y se estaban dando un largo beso de esos que, de haber podido, habría terminado en sexo. La comercial tosió para delatar su presencia y les habló de las condiciones del contrato.

En menos de tres semanas, la comercial les dio las llaves del primer apartamento que alquilaban juntos.

—Lo de este piso es un poco como lo que me pasó contigo, Juan —le dijo Dolo al salir de la inmobiliaria—. Los primeros días que pasamos juntos sentí que era como estar en casa, que me veía contigo y que quería despertarme cada día a tu lado.

—Te entiendo, ¡soy muy guay!

—¡Tú lo que eres es muy tonto! —exclamó Dolo riendo.

—Lo sé… —Juan sonrió—. No, ahora en serio, yo pensé lo mismo el primer día que te vi en aquel supermercado, haciendo la compra en pleno confinamiento. No me preguntes qué fue, pero supe que eras tú. Tenías como un imán que me atraía hacia ti… Como este piso cuando la comercial subió las persianas. —Se detuvo en seco—. Te quiero.

—Y yo a ti. ¿Seremos felices en él? No puede ser tan bonito… ¡Alguna pega tendrá! —dijo ella.

—Claro que seremos felices… ¿Y qué insinúas, que yo también tengo alguna pega, que no puedo ser tan perfecto?

—Hombre, alguna tienes, que ya las conozco…

Se apartaron, y ella le dio un cachete en el culo.

—¿De qué vas? —se quejó él.

—Pero no son pegas, son peguitas que acepto con amor. Igual con los años se te pasan.

—Uy, no sé yo… Dicen que ocurre justo lo contrario, ¡así que no te hagas ilusiones!

—Bueno, yo también tengo algunas —dijo Dolo sonriendo—. Pocas y menos que tú, claro, pero algunas sí.

—¿Quieres decir aparte de los pedos que te tiras? —Juan se echó a reír y ella se le abalanzó y lo llamó «embustero».

Juan y Dolo se llevaban de maravilla. Lo suyo había sido de fuegos artificiales desde el primer día, y seguían alucinados de lo bien que estaban juntos. Aun así, había algún roce. Hacía un tiempo, a Juan le había molestado que Dolo tardara en presentárselo a sus padres. «Pero si ni siquiera tengo mucha relación con ellos… ¿Por qué te importa tanto?». También de vez en cuando le ponía celoso la relación que Dolo tenía con una ex y su pareja. Sí, ella había tenido una mujer de pareja hacía años y seguían siendo buenas amigas. «Si estoy contigo es porque quiero», le decía ella para que se tranquilizara, pero a Juan le costaba asimilar que una mujer tan potente y guapa como Dolo quisiera estar con él.

Ella también tenía sus movidas, por supuesto: cuando notaba que él se mostraba dependiente o muy efusivo y enamorado, a ratos se agobiaba. Sentía que, si ella lo era todo para él, tenía más posibilidades de decepcionarle, igual que pensaba que había decepcionado a sus padres, y no quería que eso ocurriera. Pero a pesar de algún momento de bajón que cada uno tenía con su parte más oscura, en general les parecía que su relación era de diez. Se lo pasaban bien, hacían escapadas de fin de semana de las que volvían aún más enamorados, disfrutaban de un sexo pleno y feliz, y se cuidaban y mimaban tanto como podían.

Después de recibir las llaves del piso, se pasaron las dos semanas

siguientes arreglándolo. Lo primero que entraría sería un colchón vie-
jo para tumbarse y hacer el amor entre manos de pintura, transporte
de cajas y la reparación de alguna persiana.
   Eran días felices, aquellos.

CÓMO SOMOS: ¿MADUROS O NO TANTO?

Este libro lo escribe una mujer de cuarenta y siete años, y aunque me siento más joven que nunca, no nos engañemos: los niños en la calle me llaman «señora». Lo llevo tan bien como puedo ☺, pero, desde la etapa en la que estoy, siento que aunque la mayoría creemos que ya somos maduros cuando empezamos a tener relaciones de pareja, en realidad no lo somos tanto. A las edades en las que las relaciones empiezan a formalizarse, son muchos los que todavía no han mirado atrás ni han encajado las piezas de su pasado: cómo los criaron, qué los hirió, qué esperaban de ellos, qué patrones de su casa fueron integrando, qué tipo de relaciones había en la familia y cómo les impactaron…

Por lo tanto, llegamos a las relaciones llenos de creencias, patrones, heridas sin sanar y carencias sin resolver que, aunque parezca que no están al principio, están. ¡Y vaya si están! Llegamos con un dolor que hemos intentado tapar como hemos podido, y a veces lo hemos hecho tan bien que creímos que no estaba, que había desaparecido. ¡Nada más lejos!

Porque los inicios de casi todo son ilusionantes, y en las relaciones amorosas más, porque ahí está nuestro cuerpo, nuestras hormonas y nuestras necesidades inconscientes de afecto y amor para pintarlo todo de color de rosa. Entramos en una especie de nube, nos enamoramos hasta las trancas y ya no podemos pensar con claridad. Aunque nuestra pareja haga cosas cuestionables, si estamos enamorados, las maquillaremos para que nos acaben pareciendo estupendas. En esa etapa no nos damos cuenta de casi nada. La oxitocina, las endorfinas, la dopamina y otras hormonas que segregamos cuando hacemos el amor se ocupan de ir vinculándonos y de hacernos sentir profundamente conectados con la persona que tenemos delante.

Enamorarse es genial. Lo viví y fue maravilloso y estresante a la vez por la intensidad de las sensaciones y emociones que ese sentimiento desató en mí. Por suerte, un día el suflé empieza a bajar, y eso no significa que no estés enamorado, sino que al fin ya puedes pensar un poco y darte cuenta de cosas, como, por ejemplo, de que nada es perfecto, tampoco tu pareja ni la relación que estáis gestando. Y ahí llega un poco de madurez, al darnos cuenta de que la perfección no existe, de que somos humanos y de que, si queremos que esto funcione, tocará arremangarse y hablar de temas quizá un poco incómodos, encontrar formas de funcionar como pareja que nos satisfagan y llegar a acuerdos. Ya no solo somos uno, sino dos, y esto trae muuucha miga.

Porque si ya es difícil entenderse con uno mismo, aguantarse y sostenerse, imagínate con una persona que es distinta a ti, que tiene otro bagaje de vida, que carga con una mochila que no es la tuya, que ha sido criada por otros padres, que ha vivido otras experiencias y vivencias, etc. Lo que pasa es que muchas veces da pereza arremangarse y darse cuenta de según qué. Lo que pasa es que muchas veces es más fácil acomodarnos en dinámicas que nacen de nuestra mochila.

MOCHILAS INVISIBLES Y DINÁMICAS DE PAREJA

Tardé muchos años en saber cuál era la mochila invisible que yo llevaba en mis relaciones de pareja. Hasta entonces, de la única que hablaba alguna vez era de la que me llevaba de viaje. Luego, cuando fui consciente de ella, flipé por no haberla visto antes, sobre todo con lo que pesaba… Pero supongo que es normal: eres joven, te enamoras y crees que, si se interpone algo entre los dos, será otra persona, no dos *fucking* mochilas invisibles. Y te aseguro que, la mayoría de las veces, lo que no permite avanzar en una relación de pareja o lo que hace que esta se termine son justo las mochilas que cargamos, aunque aparezcan terceras personas. Pero volvamos al tema, que me desvío.

Cuando somos pequeños, la primera relación de pareja que vemos e integramos como buena es la que tenemos en casa, por lo general, la de nuestros padres. No importa si es tóxica a más no poder o si hay dinámicas absolutamente abusivas o manipuladoras. Para un niño, es una relación, y si es la que mantienen sus padres, debe ser buena, así que la integra. Aunque no estemos hablando de relaciones tóxicas, en cada pareja se dan unas dinámicas que los niños ven a diario y las toman como ejemplo para sus futuras relaciones. Esto no sucede de forma consciente, por supuesto. A menudo he estado con personas que me han dicho: «De joven me juré que nunca tendría una relación de pareja como la de mis padres y luego me he dado cuenta de que es justo la que he tenido yo».

Normalizamos lo que hemos visto en casa: es lo que ha de ser, también en las relaciones de pareja. Si no nos damos cuenta, tendemos a reproducir lo que hemos vivido; es lo que nos resulta familiar, y al cerebro le encanta lo que conoce. Solo podemos cambiar aquello de lo que somos conscientes, y si la mochila es invisible nos costará actuar como si no la lleváramos a la espalda.

Voy a ponerte un ejemplo inventado que quizá te resuene o que a lo mejor lo has visto más de una y dos veces. Pongamos que Ana es una mujer sensible y empática que ha vivido en una casa donde había una madre cuidadora y cariñosa que dirigía y se ocupaba del hogar, y un padre bastante ausente, cero corresponsable, pero al que nadie le ponía los puntos sobre las íes. Si Ana no es consciente de los desequilibrios en la relación que mantenían sus padres, quizá tienda a repetir el patrón, porque ha integrado que ese es su papel en la pareja. Es probable que se junte con alguien que también esté bastante ausente, delegue mucho en ella y espere sus cuidados.

Ana y Pedro, por ejemplo, podrán funcionar más o menos bien durante un tiempo, cada uno con su mochila a cuestas, simulando que es una relación de pareja madura en la que todo va sobre ruedas, pero las cargas están, y en el caso de que no se den cuenta y hagan algo al respecto, si alguna vez deciden tener hijos es muy probable que las mochilas revienten.

Ana gestará, parirá y criará a su bebé con intensidad, y volcará todo su instinto maternal y sus cuidados en su hijo. Por su parte, es probable que Pedro eche en falta que esté más pendiente de él, que viva esa realidad como una distancia entre los dos, que se sienta desplazado o que incluso esté celoso de ese bebé que recibe toda la atención de su pareja. Cuando Ana se dé cuenta de que tiene que ocuparse de todo, como su madre, y de que Pedro está ausente y es cero corresponsable, es probable que, en pleno siglo XXI diga «Hasta aquí». El hijo no hace que la pareja se desestabilice, sino las mochilas que, con la maternidad y la paternidad, empiezan a verse un poco más claras, más nítidas, y ya no puedes seguir haciendo como si no estuvieran.

De repente la mochila se vuelve enorme, como la de una expedición al Everest. Quien la descubre tiene muchas ganas de soltarla y saber qué se siente al vivir una vida más ligera y sin tantas ataduras con el pasado. Si los dos miembros de la pareja quieren andar este camino de redescubrimiento personal sin esos viejos patrones familiares, sociales y culturales, pueden crecer juntos y transformar esa relación en algo más genuino, más suyo y más consciente.

Si, por el contrario, uno de los dos no quiere, el devenir de esa relación dependerá en gran parte de lo que decida el que ha empezado a ver la mochila. Hay quien se queda en esa relación, aunque se dé cuenta de las desigualdades, los desequilibrios y la desazón… Pero «Qué le vamos a hacer», piensan, «Quizá está bien así», «Puede que no merezca nada mejor» o «Pues bastante tenemos, mejor ser agradecidos, que hay gente que no tiene ni eso...». Hay quien, en un gran ejercicio de autoestima, cree que merece vivir una relación de pareja más plena y consciente, y decide, al menos, no seguir en una que no lo es. O prefiere quedarse solo o sola antes que estar en pareja, pero no sentirse acompañado.

Quizá pienses que con este ejemplo inventado lo simplifico todo mucho, pero que no es tan sencillo. Tienes razón: no lo es, para nada. Por eso debemos empezar por el principio.

Qué hemos visto en casa

Dejemos a un lado el ejemplo de Ana y Pedro y vayamos a lo que nos interesa: tú. No quiero que sigas sin ver las mochilas, porque, cuando son invisibles, nos tienden trampas de las que luego nos cuesta mucho escapar. Por eso, llegados a este punto, creo que es importante que investigues un poco qué has vivido en tu casa. Para ayudarte, te plantearé algunas preguntas. Si las tienes claras, respóndelas ahora, o déjalas reposar y busca pistas que te permitan hacerlo en algún otro momento.

Pero antes tienes que saber que no eres mal hijo o mala hija por averiguar que la relación de tus padres no era muy respetuosa, equilibrada o amorosa. Que te des cuenta de eso no significa que los estés traicionando, que no los ames o que ellos no te amaran. En absoluto. Son cosas distintas y compatibles al mismo tiempo. Podían amarte tanto como eran capaces y sabían, y, a la vez, mantener una relación tóxica entre ellos. Podían ser muy buenos padres y, a la vez, muy desagradables entre ellos, hablarse mal o ignorarse por completo. Podían tener una buena relación familiar cuando estaban contigo y, a la vez, llevar una doble vida, tener un amante o no quererse como pareja.

Si estás leyendo esto, eres una persona adulta, porque este es un libro de no ficción para adultos, así que doy por sentado que puedes hacer este ejercicio maduro de comprender la realidad que te tocó vivir y, al mismo tiempo, saber que no tiene nada que ver con la relación que tus padres mantenían contigo. Así que intenta alejar la culpa, si asoma en algún momento. No estás haciendo nada malo, solo intentas entender lo que viviste para luego comprender cómo eso se manifiesta a veces en tu presente.

Ahora sí, vamos a las preguntas que te propongo:

- ¿Qué relación sientes que mantenían tus padres entre ellos? ¿Era amorosa?

- ¿Recuerdas si se amaban y se lo demostraban?

- ¿Crees que había alguna dinámica un poco tóxica entre ellos?

- ¿Qué recuerdas de su forma de comunicarse?

- En momentos de tensión y conflicto, ¿qué hacían?

- ¿Se daban muestras de afecto en público?

- ¿Eras testigo de su amor?

- ¿Presenciaste peleas entre ellos? ¿Te metían a veces en medio?

- ¿Quién se ocupaba de las tareas del hogar? ¿Había corresponsabilidad?

- ¿Quién llevaba la responsabilidad y las tareas propias de la crianza? ¿Se ocupaban de ti por igual?

- Cuando hacías algo que no les gustaba o que creían que no estaba bien, ¿quién te lo decía? ¿Te castigaba alguien? ¿Quién?

- ¿Crees que en la pareja uno tenía más poder que el otro?

- ¿Alguna vez los oíste hablar de sentimientos o emociones?

- Si en algún momento pasaron por una crisis, ¿te contaron de forma asertiva qué estaba ocurriendo?

Todas estas cuestiones también sirven si te criaron tus abuelos. Si tus padres están vivos, sigan juntos o no, quiero lanzarte estas dos preguntas:

- Cuando ves a tus padres, ¿aún reconoces entre ellos dinámicas de entonces que perduran?

- Si tienen otra pareja, ¿detectas formas de relacionarse con su nueva pareja distintas de como lo hacían cuando estaban con tu padre o con tu madre?

Ahora te animo a hacer el ejercicio de ver y darte cuenta de si algo de lo que sientes que no era del todo sano en la relación entre tus padres lo has incorporado en tus relaciones. Tanto si ahora estás con alguien como si no, analiza tus relaciones y fíjate en si hay o ha habido en ellas alguno de los desequilibrios que has detectado que hubo en tu casa.

¿Encuentras algún paralelismo entre tus referentes de cuando eras pequeña y tu relación de pareja actual u otras que hayas tenido?

Detectarlo es importantísimo porque, cuando reproducimos el patrón, estamos siendo como ellos, no nosotros al cien por cien. Es decir, actuamos según lo que vimos hacer en la infancia e integramos lo que debía hacerse, sin conectar con lo auténticamente nuestro. ¿Quiénes somos cuando dejamos de reproducir modelos de relaciones y formas de hacer que integramos en la infancia? ¿Cómo nos relacionamos con nuestra pareja cuando dejamos a un lado patrones y modelos que hemos visto en casa de pequeños?

Esos modelos pueden influirte para mal, pero también para bien, ¡por suerte! Recuerdo que en mi primera relación de pareja seria y más o menos estable notaba que faltaba algo. Lo sentí durante mucho tiempo, pero no sabía qué era. Me daba cuenta de ello cuando veía a mi madre y a mi padrastro juntos. Ellos tenían algo que yo no veía en nuestra relación: complicidad, amor incondicional y sin reservas, e ir a una como hilo conductor que me mostraba lo que yo quería. Sin duda, deseaba sentirlo. Si ellos lo tenían, existía, y si habían podido encontrarlo o crearlo, ¿por qué yo no?

Estuve un tiempo con ese malestar dentro de mí, viviéndolo en silencio y pasándolo muy mal, iniciando un duelo de lo que veía que nunca tendríamos. Intenté construirlo, crearlo, pero no había forma. Por lo que fuera, era imposible en esa relación. Se convirtió en un mantra que me repetía mentalmente: «No quiero conformarme con lo que tenemos, tiene que haber algo mejor, como lo que hay entre mi madre y mi padrastro». Tenerlos como modelo me empujó a darme cuenta de que en nuestra relación de pareja había muchas lagunas, seguramente fruto de una falta de conciencia y de una inmadurez que los dos teníamos por aquel entonces. Y de las heridas de cada uno, claro. Me separé. No fue fácil, pero ahora puedo decir que lo que sentía y veía que existía es lo que disfruto en la feliz relación de pareja que mantengo con el padre de mis hijas.

Todo esto para decirte que es importante que tomes conciencia de qué viste e integraste en la infancia como si fuera «lo normal» y que luego observes qué cosas de las que viviste a una edad en la que una se empapa de todo se están manifestando en el presente. Es revelador.

La influencia cultural y social

Esta es otra losa, como si tuviéramos pocas... Resulta que hemos mamado una cantidad de influencia cultural y social sobre las relaciones de pareja que alucinas. El problema no es que lo hayamos visto e integrado como creencias que ya no cuestionamos, sino que no nos damos cuenta de la influencia que ejercen sobre nosotras.

De forma inconsciente, las películas del «juntos para siempre», Disney, el príncipe azul, los finales felices, etc., nos generan un peso imposible de sostener. Es básico que veamos que eran solo eso, películas, fantasía, y que en realidad hay matices, grises, diversas variables..., y más en las relaciones humanas.

Pero no solo hemos recibido estas creencias de las pelis o los dibujos animados; la sociedad transmitía la obligación vital de marcar *checks* en una cartilla de este estilo:

Lo que hay que hacer en la vida:

☐ Portarse bien.

☐ Ser un buen hijo.

☐ Crecer y estudiar.

☐ Complacer y no ir a contracorriente.

☐ Conseguir un trabajo estable.

☐ Encontrar una pareja estable.

☐ Casarse.

☐ Tener un hijo.

☐ Tener otro hijo.

Es como si tuviera que ser así y no hubiese otra posibilidad: «No te quedes sin hijos, pero ni se te ocurra tener cuatro, ¡que no está en la cartilla, atrevida!». Y lo más peligroso: como si lo que sí está en la cartilla tuviera que hacernos felices. Cuando has tenido esas creencias sobre la vida y las relaciones de pareja sin ver que era una imposición cultural y social, quizá llegue la hecatombe, normalmente en forma de «He marcado todas las casillas, pero siento una insatisfacción vital que no esperaba», «No soy feliz con esta relación de pareja, creo que he fracasado», «¿En qué me he equivocado, si no me ha salido bien?», etc.

La vida es muchísimo más abierta, más inesperada, más plena y más maravillosa que una cartilla de *checks* en la que encajar. Pero nos hemos creído el cuento. Es importantísimo que averigües qué creencias tienes sobre las relaciones para analizarlas, desmontarlas si es necesario, y así vivirlas de una forma más libre sin dejar que te limiten unas creencias sociales y culturales que no te resuenan. Por eso, te animo a cuestionarte:

- ¿Crees que las relaciones de pareja, llegada una edad, tendrían que ser duraderas o para siempre?

- ¿Crees que la mayoría de las veces que se rompe una relación de pareja es por terceras personas?

- ¿Crees que es posible ser feliz con alguien y compartir la vida muchos años, creciendo y evolucionando juntos?

- ¿Crees que las parejas tiran la toalla muy pronto?

- ¿Crees que las personas deberían aguantar más en la pareja y no romper lo que han construido?

- ¿Crees que, una vez que se tienen hijos, romper con la pareja es romper con la familia?

- ¿Crees que una separación con hijos representa un fracaso?

- ¿Qué piensas que es una familia?

- ¿Crees que se puede mantener una buena relación con alguien con quien has compartido un tiempo de vida e incluso unos hijos?

- ¿Sientes que si tu relación de pareja no funciona de alguna forma decepcionas a tus padres? ¿Te sientes tú decepcionado?

- ¿Crees que es mejor estar acompañado que solo?

- ¿Crees que no tener pareja es triste? ¿Te avergüenza o te avergonzaría si llegase a ocurrir?

- ¿Crees que si no tienes pareja al final te quedarás sola?

Quizá leyendo estas preguntas te vengan otras a la mente. Genial: analízalas, intenta responderlas y obsérvate. No las pienses demasiado y contéstalas sin juzgarlas. Averigua qué dice tu inconsciente, examínalo. Molaría que después hicieras este ejercicio con tu pareja para ver qué compartís y qué no.

Las creencias son pensamientos que no cuestionamos y que damos por supuesto que son verdad. Sin embargo, muchos no lo son, y creer lo contrario nos hace actuar, sentir y pensar de una forma que a veces nos hace daño. Aprender a parar y observarnos es indispensable si queremos vivir una vida más consciente a nivel de pareja.

Fíjate: tú tendrás tus creencias y, tu pareja, las suyas. Tú tendrás tus patrones heredados y, tu pareja, los suyos. La mayoría de las veces, por no decir casi todas, no nos damos cuenta de que nos influyen ni de que se manifiestan en nuestro aquí y ahora. Así que tú actuarás desde tus creencias y patrones inconscientes y tu pareja hará lo mismo. ¿Cómo será posible una relación consciente, conectada y equilibrada si no sabemos por qué actuamos, pensamos y sentimos como lo hacemos? Es indispensable responsabilizarnos de ello, saber que, para madurar y poder tener y vivir algo más profundo y verdadero, necesitamos desaprender lo que hemos integrado a edades muy tempranas sobre el amor y las relaciones de pareja, y reaprender a mirarnos a nosotros y también al que tenemos delante.

Si te estás agobiando porque sientes que el modelo de relación amorosa que recibiste era de todo menos amoroso, si sientes que eso te ha marcado y herido, si en tu relación todavía habitan heridas que duelen… respira. La buena noticia es que el trauma —y esto no es lo que ocurrió, sino cómo lo viviste en tu interior—, como está en tu interior, lo puedes reparar. Sí, puedes sanarlo para tener en un futuro relaciones muchísimo mejores que las que has vivido o las que has visto en casa.

Debemos ser responsables de nuestra forma de comunicarnos (lo veremos más adelante) y de relacionarnos, y ser conscientes de por qué lo hacemos así. Solo desde este trabajo profundo de auto-conocimiento podremos, en el futuro, aspirar a relaciones más sanas, conscientes y plenas. Sí, hay curro, no lo niego, pero también recompensa. Y no, la recompensa no es que vivas el *forever and ever* (quizá sí, quién sabe), sino que seas más consciente y más libre. Porque mereces vivir una vida plena y feliz, y cuanto más te conozcas, más sanes y más sepas cuáles son las creencias limitantes que nos afectan sin querer, más fácil será.

No te abrumes, vamos poco a poco, ¿vale? Yo te ayudo y te acompaño.

TE PROPONGO...

Reflexión y observación: Te propongo que te plantees las preguntas que he apuntado antes y, si quieres, que las respondas en pareja o con alguien de confianza. Hablarlo, poner en palabras lo vivido y observar si eso está, de alguna forma, reproduciéndose en tu relación aquí y ahora, te ayudará a tomar conciencia. Recuerda que, para cambiar algo, es imprescindible que seas consciente de ello. Este trabajo de introspección y observación te permitirá proyectar qué debes cambiar, qué quieres y qué no.

¿Quiénes erais?: Si tienes pareja, te propongo que habléis de quiénes erais cuando empezasteis a salir y, como si de un juego se tratase, intentad recordar qué paso, qué os decíais y cuáles eran los principales roces o conflictos en esa etapa. ¿Erais muy distintos de como sois ahora? ¿En qué ha mejorado o empeorado vuestra relación? Ponerle conciencia ayuda, por un lado, a valorar lo que funciona y todo lo que habéis avanzado juntos y, si la relación ha empeorado, a daros cuenta de cuándo empezó a ir mal, qué hechos lo promovieron, etc. Si no tienes pareja, recuerda los inicios de tus relaciones pasadas. Verlo con perspectiva te ayudará a identificar un posible patrón y a averiguar si siempre te encuentras con los mismos conflictos, aunque sean personas diferentes.

Conectemos: Si tienes pareja, después de hablar de vuestros inicios, te propongo que analicéis qué os hacía muy felices cuando empezasteis y por qué. Quizá sean actividades que habéis dejado de hacer por cansancio o porque ahora tenéis más obligaciones que antes... En cualquier caso, animaos a recrear algún aspecto de vuestros inicios que os ayude a conectar con la ilusión de esos días, con la alegría de compartiros. No importa lo que hagáis, sino que os impregnéis del sentimiento de conexión, amor y fuerza que suelen caracterizar los inicios. Si no tienes pareja, no te preocupes: conecta contigo. ¿Qué te hace sentir profundamente bien tanto en pareja como sola? Quizá sea aquello que dejas de hacer cuando entablas una relación, de manera que descuidas tu espacio personal. Te animo a que recuperes alguna de esas actividades que te hace disfrutar de pasar tiempo contigo y ser quien eres. La conexión contigo te ayudará a sentirte mejor. Si en un futuro quieres estar en pareja, te será más fácil ver si esa relación te aporta o no. Vamos, serás menos carne de cañón de las relaciones de dependencia, y eso siempre es bueno.

RESUMEN

✓ Todos iniciamos una relación de pareja con heridas que al principio no se suelen mostrar, pero que tarde o temprano siempre aparecen.

✓ Lo que hemos visto de niños en cuanto a las relaciones de pareja (de nuestros padres, abuelos u otras personas cercanas), lo integramos como lo que debe ser, lo normal.

✓ A veces, las creencias, los patrones y la influencia familiar, cultural y social nos empujan a vivir relaciones amorosas muy poco fieles a quienes somos y a lo que de verdad queremos o necesitamos.

✓ Si no ponemos mucha conciencia y trabajamos nuestro modelo de relación de pareja, es probable que acabemos reproduciendo el que integramos durante la infancia como correcto, aunque fuera desigual, tóxico o nada parecido al amor.

✓ Es importante que nos paremos a reflexionar sobre nuestras creencias acerca del amor, las relaciones de pareja y de familia para ir acercándonos a lo que en realidad es para nosotros y nos parece auténtico, más allá de *checks* o creencias sociales o culturales.

2

Llegan los hijos

Llevaban un par de meses sin usar preservativo. Se dijeron que, como a muchas parejas les costaba un montón conseguir el embarazo, era mejor empezar ya y así, quizá, si tardaba en llegar, no se impacientarían tanto. Pero Juan y Dolo no eran como esas «muchas parejas»... Ella empezó a notarse rara menos de cuatro semanas después de decidir que no iban a comprar más cajas de condones e ir a por todas.

—No será, pero he comprado esta prueba de embarazo para quedarme más tranquila —le dijo Dolo a Juan un martes al volver del trabajo.

—¿Más tranquila? ¿No te gustaría que fuera que sí? —preguntó él extrañado.

—Sí, claro, pero tan pronto no puede ser.

—Pero ¿qué notas? ¿Ya tendría que haberte bajado la regla o todavía no?

—Supuestamente ayer era el día, y yo qué sé, se me ha retrasado muchas veces, pero es que me noto rara. No sabría describírtelo, pero no me he sentido nunca así. Bueno... no será.

Y fue. Dolo no serviría como pitonisa. Juan saltó feliz y ella se quedó en shock. «¿Yaaa?», solo pudo decir; no era lo que había imaginado. Las expectativas no cumplidas siempre impedían gozar del momento...

De repente comenzó a pensar cómo lo haría con el centro de yoga que regentaba si tenía que estar de baja y empezó a agobiarse. Mien-

tras ella todavía intentaba asimilar la noticia, Juan ya estaba hablando de cuándo se lo podrían contar a su madre y a su hermana, a quienes él adoraba. Esos ritmos y sentires dispares, cada uno con los suyos, se irían manifestando a lo largo de todo el embarazo, no solo esos días del inicio. No sentían lo mismo, no habían vivido las mismas cosas y ni siquiera se parecían.

Cuando Dolo se mentalizó de que iba en serio —sobre todo después de oír el corazón del bebé—, todas sus dudas se esfumaron y se sintió más feliz que nunca. Juan también, pero él no notaba nada, así que a ratos era como si en realidad no estuviera pasando. Pero sí estaba pasando, y a veces ella sentía que él no hacía caso a un embarazo que lo era todo para ella.

—Claro que me hace ilusión, pero no lo sé, son nueve meses y yo no noto nada… Eres tú la que tiene mil sensaciones distintas… Pero eso no significa que no esté contento.

A Juan le molestaba que Dolo se frustrara por cómo lo vivía él esos días. No eran iguales… «¿Por qué no acepta mi forma de vivir el presente?», se preguntaba Juan. Ella, en cambio, temía que ese sentir distinto terminara siendo el inicio de lo que para nada querría: distanciarse de él.

Además, estaba el tema del sexo: cuando él estaba más activo, durante el primer trimestre, ella no lo estaba para nada porque se sentía tremendamente cansada y se quedaba dormida al meterse en la cama. Ya en el segundo trimestre, ella empezó a sentirse atractiva a más no poder y quería todo el sexo del que no había podido disfrutar los meses anteriores, pero a él le abrumaba esa barriga y saber que su hijo estaba dentro. Por cierto, era un niño.

—Joder, ¿ya no te gusto o qué pasa? —le reprochaba a veces Dolo.

—¿Cómo no me vas a gustar? ¡Me encantas! Pero no sé, estoy menos excitado… Supongo que pienso en el bebé, o yo qué sé, todo es tan nuevo…

El tiempo, por suerte, fue ayudándolos a sincronizarse a base de mucha conversación, algún que otro desencuentro y mucho amor. En *el tercer trimestre sintieron que, ya sí, eran un equipo. Volvieron a ir a la par con el sexo, y eso les ayudó a sentirse uno y a hablar mucho desde una intimidad donde se sentían conectados. Además, saber que Bruno iba a nacer en breve les ilusionaba y unía a partes iguales. Creían que lo más difícil había pasado y, como buenos primerizos, no tenían ni idea de lo que les esperaba.*

A las cuarenta semanas más cuatro llegó el bebé.

Hola, mamá. Bruno ha nacido esta noche, superfuerte y valiente, después de un parto larguísimo que parecía que no iba a terminar nunca. Ha pesado tres kilos doscientos, y es, gracias a Dios, guapo como su madre. Ahora descansan los dos acurrucados, y yo no puedo ser más feliz. Ya te llamo por la mañana. Si quieres venir, mejor hacia el mediodía, que así tenemos un buen rato para situarnos los tres.

Juan, exhausto, pero más feliz que nunca, mandó este mensaje desde un pasillo de hospital casi a oscuras y vacío. Se oía algún llanto de bebé y todo olía a desinfectante. Si hubiese sido por él, hubiera escrito «Ven enseguida, ¡me muero de ganas de que conozcas a tu nieto!», pero Dolo había sido muy explícita desde el inicio del embarazo: «No quiero que nos atosiguen en el hospital. Que vengan al cabo de muchas horas, que primero somos nosotros tres. Tú te encargas de controlarlo, ¿vale?». Ella solo quería que la visitaran en el hospital sus padres y sus hermanos. Bueno, mejor dicho: no quería, pero digamos que aceptaba a familiares de primer grado. «Los amigos y los compañeros de curro ya vendrán a casa en unos días», pensaba… «¡Qué prisa tiene todo el mundo para conocer a un bebé que no va a recordar nada! Que vengan cuando tenga meses y ya no me quede energía para distraerle. ¡Ya verás como entonces nadie quiere venir a visitarnos!», le decía siempre a Juan.

Pasaban los días, y Dolo se sentía removida, dolorida y confusa. Todo le parecía más complicado al pasar de la teoría a la práctica. Cuando Bruno lloraba, a ella también le entraban ganas de llorar y, de repente, se veía vulnerable y pequeña, deseando que su madre la cuidase. Ella, que nunca la había querido cerca desde que se empezaron a distanciar en la adolescencia: otra cosa que nunca habría imaginado.

Los tres primeros meses pasaban de la felicidad más absoluta los días o momentos en que todo fluía al desconcierto de sentirse abrumados por tantas emociones, tantas removidas y tantos roces que nunca habían tenido. La mayoría eran tontos, absurdos, fruto del cansancio y de las noches sin dormir. Un día, cuando Dolo acabó de dormir a Bruno al pecho, lo dejó muy despacio en su cama de colecho, colocó la cámara para verle en remoto y fue a sentarse en el sofá junto a Juan. Se le acurrucó cariñosa al lado y él dijo:

—Menuda intensidad estas últimas semanas.

—Y que lo digas...

—Dolo, ¿puedo decirte algo?

—Claro.

—Te echo de menos... Hace muchos días que solo miras a Bruno.

—Juan, no me jodas... Como tú. Acabamos de tener un bebé. Todavía me duelen los puntos que me dieron en el coño, solo hace un par de semanas que me siento segura con la lactancia materna y voy zombi perdida. Siento no poder darte los masajes de antes —respondió Dolo molesta.

—Dolo, no te enfades.

—Es que reprocharme eso ahora...

—No era un reproche, quería que sonara a piropo...

—¿Ah, sí? Pues no lo has conseguido...

—Yo qué sé, solo quería decirte que te echo de menos y que te quiero.

—Y yo te quiero a ti, pero es que no me da la vida para más, Juan... Y que no te mime como cuando tenía tiempo no significa que ahora no te quiera.

—Ya... —dijo Juan un poco arrepentido.

—Cariño, date cuenta de que todo ha cambiado. Estamos adaptándonos, es normal que nos sintamos raros. Ya pasará... ¿Te acuer-

das de lo que nos decía esa señora que nos daba las clases de prepara-
ción al parto?

—Sí, que hasta que no pase el primer año del bebé, limitarnos a
mirar hacia delante y no sacar conclusiones de nada porque se está de-
masiado cansado como para pensar bien y ver las cosas con perspectiva.

—Pues eso...

—Vaaale. Pero puedo arrimarme un poco ahora... ¿solo un se-
gundo?

—Yo me he arrimado primero —dijo Dolo cariñosa—. Pero no te
me pongas en modo «mami, hazme caso», porque ahora ya tenemos a
un niño y no eres tú.

—Jolín, no te pases...

—No, amor, pero es que nos conocemos y no está el horno para
bollos, ¿vale? —Dolo lo abrazó, amorosa—. Pero no dudes ni un se-
gundo de lo mucho que te quiero.

—¿Seguro?

—¡Segurísimo! Y te querré un poquito más si le cambias el pañal
cuando le toque.

—¡Eres perversa!

—Qué va, solo soy una madre agotada.

—La más guapa y sexy de todas.

—¡Ni se te ocurra tocarme las tetas, que me sube la leche! En un
segundo te pones cachondo...

—Con lo que me ponen ahora tus tetas y me cortas el rollo —dijo
él acurrucándose más y haciéndola reír.

Dolo, entre risa y risa, le dio un largo beso en los labios. A pesar
del pique inicial, sintieron, los dos, que en el fondo todo estaba bien.

LA LLEGADA DE LOS HIJOS (BUSCADA O NO)

Enterarte de que vas a tener un hijo, lo buscaras o no, siempre es
una removida. Y sin excepción, me atrevería a decir. Implica tanto

que es imposible no sentir un cóctel emocional dentro, ya sea consciente o inconscientemente. Si era un hijo deseado, a la ilusión y la alegría muchas veces se le suman también el miedo y el agobio de la incertidumbre, emociones que ni siquiera habíamos pensado que sentiríamos. Esto puede descolocarnos y desencadenar culpa, angustia, etc. Si era un hijo que no buscábamos, la conmoción es incluso mayor.

Como ya hemos visto, cada uno sentimos a nuestra manera, y es difícil que, en una pareja, los dos se sientan igual en estas circunstancias (y en cualquier otro momento). A uno se le puede despertar el miedo y la incertidumbre y empezar a planificarlo todo para sentirse más seguro. El otro puede estar muy feliz y tener la sensación de *let's flow* que choca de frente con el sentir de la otra persona. Son habituales, en estas situaciones, los desencuentros y la sensación de no ir a una. Harán falta grandes dosis de empatía y conciencia para permitirnos transitar las emociones que vengan a visitarnos sin vivir las de nuestra pareja como una amenaza o con la sensación de que no debería sentirse así.

Todo sentir es válido y legítimo, la consecuencia de un sinfín de circunstancias: del pasado, de cómo nos han criado, de los referentes, del carácter, de la personalidad, etc. Por lo tanto, es muy importante que sepas que tu sentir es normal y legítimo y también el de tu pareja (si la tienes), aunque lo que siente se distancie muchísimo de lo que tú estás viviendo.

La realidad siempre es una, pero luego cada uno la interpreta, la vive y la transita a su manera. Por eso, ante el positivo en una prueba de embarazo y la llegada del bebé, cada cual lo vivirá y sentirá según su forma de ser y lo que ha vivido.

Antes de tomar la decisión de tener un bebé, es importante practicar la aceptación de nuestro sentir y del sentir del otro. Si lo hacemos mucho antes de ser padres, cuando lleguen los hijos, no nos costará tanto aceptar que es imposible que nos sintamos igual, aunque vivamos la misma situación. No vivirlo como un bache o un ataque personal es clave para entendernos cuando emocionalmente no estamos en la misma página.

Lo que parecía fácil ya no lo es

Tenemos a nuestro primer hijo y ya nos sabíamos la teoría: habíamos visto que muchas otras personas tenían hijos, y es probable que pensáramos que tampoco debía de ser tan difícil. La ilusión, las ganas y, por qué no decirlo, la ignorancia nos ofrecían una teoría que creíamos suficiente para transitar la nueva etapa en paz. Pero no. ¡Claro que no! ¿Cómo iba a ser fácil criar a un niño que siente, que sufre, que piensa, que llora, que tiene su personalidad y sus deseos? ¡Qué ilusos fuimos al pensar que lo sería!

Si nos fijamos en Juan y Dolo, es probable que ella, en algún momento, le preguntase: «¿Por qué nadie nos dijo que esto era de todo menos fácil?». A lo que él contestaría: «Quizá nos lo contaron, pero no estábamos por la labor de escuchar». Exacto. No sabría decirte la de veces que me han planteado esa pregunta, y hoy en día, en pleno siglo XXI, con tanta información al alcance de la mano, nadie puede decir que no se cuente lo complicado y dedicado que es criar a los hijos. Pero cuando estás esperando al primero no quieres que te vengan con milongas. No, no quieres saber qué le pasó a fulanito o si a menganito le costó criar y educar al suyo.

La naturaleza es sabia y, con el embarazo, acaba construyendo una especie de burbuja. Creo que, aunque nos contaran lo duro que es a veces, no acabaríamos de integrarlo, ¡y es normal! Necesitamos creer que será fácil. Y necesitamos meternos la hostia posterior.

Antes no había cansancio, ni noches sin dormir, ni tanto ajetreo ni removida interna. Antes teníamos tiempo de calidad para la pareja y nos cuidábamos o, por lo menos, nos teníamos en cuenta. Con la llegada del primer hijo pasamos, inevitablemente, a un segundo plano, y así tiene que ser: hay un bebé que criar, alimentar, cuidar y proteger. Pero claro, todo lo que estamos viviendo choca con nuestras inseguridades y nuestros miedos, y nuestras heridas salen a la luz.

Nunca me he sentido tan vulnerable como después de tener a mi primera hija. De repente, me sentía pequeña. Miedos que para nada habían asomado la nariz durante un embarazo de luz y color, se apoderaban de mí, en especial cuando anochecía. Mi niña interior estaba asomando, pero no era la única. Mi pareja también estaba removido, cansado y sintiendo un montón de cosas que ni siquiera podía expresar. Y el sentir, claro, era distinto: yo había vivido el parto, que no fue el que deseaba y que me dejó con puntos y dolor físico y emocional; y él estaba preso de la ilusión y las endorfinas sin saber muy bien cómo acompañar toda mi conmoción inicial.

Nada nuevo, nada raro, pero menudo viaje para los dos. ¿Cómo lo transitamos? Creo que la clave fue que había una buena base y que los dos habíamos hecho mucha terapia antes de tener a nuestra primera hija. Si no, lo hubiéramos pasado muy mal, incapaces de entender qué demonios se nos removía a cada uno.

En ese primer año del bebé, recuerdo largas conversaciones sobre nuestras respectivas infancias. Escarbamos mucho, intentando encontrar el origen de las sombras que iban apareciendo a medida que nuestra hija crecía. Porque esto es lo que pasa: tu hijo os hace de espejo y, dependiendo de vuestros inicios (que, por supuesto, no recordáis porque erais muy pequeños), aparecerán unas emociones u otras. La mala pasada es que surgen de forma inconsciente, sin avisar, y como no recuerdas de dónde vienen, no les ves explicación alguna. «¿Por qué demonios me siento así ahora?», te preguntas.

Durante años guie a grupos de apoyo a la crianza. Las mamás que habían hecho la preparación al parto con mi madre, si querían, después de dar a luz, podían venir a consulta una vez por semana y reunirse conmigo y con otras mujeres que estaban en su misma situación. Eran grupos de entre seis y diez mamás y sus bebés. Nos centrábamos en su sentir, en lo que les pasaba y les preocupaba. Sus parejas estaban invitadas, claro, pero la gran mayoría nunca venían, unas por trabajo, otras porque preferían aprovechar esas dos horas en que su pareja y su bebé estaban en la sesión para hacer otras cosas.

Cuando me contaban que se sentían muy removidas y no sabían por qué, les preguntaba cómo fue su llegada al mundo y, sobre todo, qué sabían de sus padres en esa época. ¿Cómo estaban? ¿Se llevaban bien? ¿Tenían apoyo? ¿A qué edad las tuvieron? Muchas, a medida que me explicaban lo que sabían, se daban cuenta de cómo debió de sentirse su madre justo en esa etapa que ahora ellas estaban atravesando, y, por consiguiente, cómo se sentían ellas en sus brazos o en ausencia de ellos. Porque ya sabes, era otra época en la que se dejaba llorar a los bebés para que se les agrandaran los pulmones, se daba el pecho solo cinco minutos en cada teta y luego había que esperar tres horas sí o sí hasta la siguiente toma, etc.

El dolor propio o el de sus madres, a través del nacimiento de sus hijos, veía la luz. Qué revelador darse cuenta de que no estaban locas y de que lo que les ocurría era normal. Se sentían aliviadas, y todas salían mejor de lo que habían entrado. A menudo volvían a la semana siguiente y decían: «No soy la única removida. Él también lo está, pero ni lo admite ni tiene interés por ver de dónde le viene. Ni siquiera quiere que hablemos de ello, y yo lo necesito». Los dos removidos, pero cada uno viviéndolo y atravesándolo como podía: unos con conciencia e intentando comprender, otros evadiéndose, algunos simulando que no pasaba nada e incluso los había que rechazaban toda introspección, porque a su interior no querían ir.

Es lícito también no querer explorar el dolor propio. Es legítimo querer escapar o no querer que tu pareja te hable de ello, porque oírla hablar de sus removidas internas quizá ponga al descubierto las tuyas. Es lícito sí, pero también complicado, querer llevar luego una vida de pareja en la que formemos un equipo y vayamos de la mano. Porque si no afrontamos y transitamos nuestras emociones, apoyándonos desde la comunicación y el acompañamiento en nuestro sentir, acabamos distanciándonos sin querer.

Si la pareja no ve las heridas y no las acompaña, estas acaban pasando factura. Por lo general, se despierta el sentimiento de estar solo, a pesar de seguir juntos. «No me comprende», decían a veces. Y seguramente era cierto, como también lo era que ellas a menudo tampoco entendían la forma de afrontar la nueva situación por parte de su pareja.

La llegada de un hijo enciende focos en todas las sombras y, de repente, se iluminan. Imagínate el dolor de ver la luz de golpe: es como si te cegaran nada más despertarte. Pero se puede transitar: podemos terminar acostumbrándonos a tanta luz con paciencia, amabilidad, mucho cariño y tiempo. Hay que tener ganas de hacerlo, pero, sobre todo, hay que sentir que estamos juntos en esto. Cambia mucho la historia cuando, a pesar de estar los dos removidos, cada uno a su manera, nos apoyamos mutuamente. Si le ponemos humor, si a ratos nos reímos de la situación y nos abrazamos cuando necesitamos que nos acompañen en nuestro dolor o cansancio, la cosa cambia. Mimos, amor, escucha y saber que esto pasará es clave para afrontar sin naufragar la llegada de un hijo. Mostrarnos vulnerables y sentir que la pareja no se incomoda y nos sostiene es sanador, y hacer lo mismo con ella nos une a un nivel profundo que nos ayudará a transitar tanta agitación interna.

CUANDO HAY DESACUERDO SOBRE CUÁNTOS HIJOS TENER

Cuando no nos ponemos de acuerdo sobre cuántos hijos tener, la removida se intensifica. Por ejemplo, uno quiere un hijo y el otro quiere dos; o uno quiere ir a por el tercero y el otro está bien como están, siendo una familia de cuatro. Muchas parejas que al principio no van a la par, tras algún tiempo y mucha conversación, acaban poniéndose de acuerdo y toman una decisión conjunta. Pero a veces esto no pasa, y las posiciones son firmes y absolutamente distintas en ambos lados. Los dos sienten que, si ceden a lo que quiere el otro, se está vulnerando su deseo, y hay una fuerte sensación de impotencia porque, pase lo que pase, uno de los dos tiene que renunciar.

La de discusiones, desencuentros y heridas que ha provocado el no querer lo mismo en cuanto al número de hijos… «Entiendo que él no tenga la energía necesaria para criar a otro hijo, que es lo que me dice, pero yo quiero otro. Si respeto su necesidad y su deseo, ignoro mi necesidad y mi deseo», me decía una mamá que quería ir a por el segundo y su marido no. Tuvieron que transitar lo que definieron como una «crisis de pareja» porque el hecho de que ella no acabara teniendo lo que necesitaba le generó mucho enfado, mucha frustración y una renuncia que le dolía en el alma a la que se sumaron otros roces que en otra época les parecían menores.

Cuando me preguntan «¿Cómo lo resolvemos?», los animo a conectar con ellos mismos y ver de dónde nace el deseo de tener otro hijo. A veces despierta esta necesidad el creer que un hijo único es algo malo porque, supuestamente, se queda solo, y piensan que es mucho mejor que tenga hermanos. Otras veces viene provocado porque ellos tuvieron hermanos y sienten que así tiene que ser. En ocasiones les da la sensación de que serán menos si solo tienen un hijo o sienten la necesidad de llenar un vacío y parece que la única forma de conseguirlo es con otro bebé…

Al miembro de la pareja que asegura que no quiere tener más hijos también le animo a buscar en su interior para que averigüe de dónde nace ese rechazo. A menudo surge por una falta de tiempo para uno mismo, por la sensación de no tener más energía para otra personita o también, más veces de las que creemos, por la superstición de que, si te ha salido todo bien con el primer hijo o con los dos primeros, se está tentando la suerte con el siguiente, que quizá nazca enfermizo, por ejemplo. El miedo a que pase algo, a no poder, a pensar que tantos hijos y tanta dedicación acabará pasando factura a la pareja muchas veces acaban decantando el NO en la balanza.

En el primer caso, no hay un deseo genuino que nazca de las ganas de acompañar a una nueva persona en su camino de vida. En el segundo, no hay una conexión genuina con lo que se siente, sino que el miedo y el cansancio lo empañan todo. Cuando las dos partes descubren la raíz de su deseo, podrán, si sienten que es necesario, hacer algo al respecto para encontrarse en algún punto. Con tiempo y escuchando mucho las necesidades del otro, podrán quizá conectar de manera genuina con lo que quieren para su vida en común.

Cuando eso no es posible, lo habitual es que en la pareja crezca la distancia. A veces es tan grande que acaba provocando un abismo entre los dos. El enfado se convierte en rencor y muchas veces no son capaces de darle la vuelta. En otras ocasiones, el paso del tiempo e iniciar otra fase les ayuda a dejar atrás esas diferencias.

LOS PATRONES ATACAN

Da igual si perjuramos que nunca haremos algo que vimos hacer a nuestros padres con nosotros... Llega un día que es como si tu padre o tu madre estuvieran en tu cuerpo y acabas haciendo lo que odiabas que hicieran contigo. O acabas diciendo lo mismo que te decían a ti y que te repateaba. No hace mucho, le solté a mi hija mayor adolescente: «¡A ver si te vas a creer que esto es un hotel donde solo vienes a comer y a dormir!». Madre mía, casi me caigo de culo después de oírme decir eso. Mi padre me lo decía a la misma edad que tiene ahora mi hija. La verdad es que yo era ultrasociable y, entre eso, el instituto y mil extraescolares que siempre quería hacer, pisaba poco mi casa. Cuando mi padre me decía eso me daba mucha rabia. Pensaba «¡Pues claro que sé que esto no es un hotel! ¿Te crees que soy tonta?», pero no respondía, claro, solo resoplaba y, como mucho, me encerraba en mi habitación sintiéndome incomprendida.

Volviendo al tema: lo dije. Yo, que había jurado que jamás diría tal estupidez... Pues ahí me tienes, repitiendo el patrón. Y es que los patrones se enganchan más que el pegamento, y cuando tenemos hijos se ve más aún. Todo lo que integramos de nuestra crianza hasta los siete años lo tenemos dentro, en el inconsciente, y va apareciendo a medida que nuestro hijo nos hace de espejo.

Podemos haber leído un montón de libros, haber hecho un montón de trabajo personal, pero siempre llega un día en que aparecen los viejos patrones, sobre todo en momentos de conflicto, tensión y emociones intensas. Cuando nuestra parte consciente está de vacaciones, aparece lo que integramos y acabamos reproduciendo el modelo de mamá o de papá.

Imagínate a una pareja que acaba de tener un hijo, removida hasta las trancas, con sus niños interiores a tope y el inconsciente haciendo de las suyas con los patrones. El pastel está servido. Es normal que aparezcan roces, enfrentamientos y desencuentros porque la persona que conocimos y que era nuestro novio o novia nos encantaba en ese papel, pero quizá ahora que lo vemos como madre o padre con sus patrones —siempre se ven mejor los de los demás que los propios, esto es así— no nos gusta tanto.

Por eso es tan importante que pongamos conciencia en los patrones y nos planteemos estas preguntas:

- ¿Qué me sale cuando estoy removido? ¿A quién me recuerda?

- ¿Qué me hacían o me decían mis padres que no me gustaba?

- ¿Lo hago o lo digo en momentos de conflicto o tensión?

- ¿Qué patrón, de los que he detectado, me molesta más reproducir?

Detéctalos, obsérvalos, ponles conciencia… porque solo así podrás erradicarlos y actuar desde tu verdadera esencia, no copiando los comportamientos que integraste y normalizaste en tu infancia. Ya sabemos qué harían tus padres en determinadas situaciones… La pregunta es: ¿qué quieres hacer tú en los momentos en los que se te activarían esos patrones?

Todo lo que hacemos responde a las decisiones que tomamos, conscientes o inconscientes. Por desgracia, la gran mayoría son inconscientes. Se trata de poner más y más conciencia en cada situación delicada —las que activan nuestros disparadores emocionales— para que podamos ser quienes queremos desde la libertad y la responsabilidad. Y esto implica trabajo, curro, estar atentos, conscientes y, sobre todo, muy presentes, pero eso es bueno, no lo olvides. Aunque te dé pereza, si lo haces, solo puedes ganar. No perderás nunca, te lo garantizo.

Como somos dos personas criando, aparecen dos patrones que a lo mejor son muy diferentes. Quizá tuvimos los mismos patrones y paradigmas de crianza tradicional, pero uno de los dos pone más atención para no caer en ellos. Esto, para el que se esfuerza y trabaja duro intentando criar desde otro paradigma más respetuoso y consciente, es muy frustrante. «¿Qué se cree, que yo a veces no me pondría a chillar? ¡Pues claro! Pero no quiero porque mi hijo no se lo merece. Y yo me aguanto y me lo curro para no hacerlo, y ¡luego resulta que va él (o ella) y acaba haciendo todo lo que no quiero para nuestro hijo!». ¿Te suena?

Quizá te ha pasado o lo has visto en una amiga o en un compañero de trabajo: la frustración que genera el hecho de no criar siguiendo los mismos valores y el mismo esfuerzo. No tiene fácil solución, ya que solo podemos controlar lo que hacemos nosotros, no lo que hacen los demás, y por mucho que le digamos a nuestra pareja que vigile, que se lo trabaje, que por ese camino de falta de respeto no es, si no hay conciencia ni voluntad, será difícil que cambie. Esto es muy frustrante para el miembro de la pareja que intenta mejorar y ser la madre o el padre que quiere e, inevitablemente, acaba pasando factura a la relación y crea una distancia entre los dos que, si la cosa no mejora, no deja de crecer.

Antes te he propuesto que te fijaras en tus patrones. Ahora te invito a que te centres en los de tu pareja:

- ¿Qué patrón me molesta más que reproduzca?

- ¿Cómo me siento cuando ocurre y me doy cuenta?

- ¿Ambos somos conscientes de nuestros patrones y podemos hablar de este tema?

- ¿Siento que ponemos el mismo empeño en resolver lo que no nos gusta de nuestros respectivos patrones de crianza?

En el próximo capítulo profundizaremos en los conflictos que suelen aparecer durante la crianza de los hijos entre la pareja. Por ahora, pon atención a vuestros patrones y, si tenéis la ocasión, hablad de ellos, pero no desde el reproche, sino desde la humildad de saber que a todos nos ocurre y que, cuanta más conciencia pongamos en ello, más fácil será ir corrigiéndolo.

La culpa no es del bebé

«Parece que la relación no va bien… Pongámosle un bebé, que quizá es lo que necesitamos para unirnos más». ¿Cuándo le pareció esto a alguien una buena idea? No, ahora en serio: hay TANTAS parejas que en mitad de una crisis, o en un momento complicado, de sensación de que no se va a ninguna parte juntos, deciden poner un bebé en su vida… Y ya sabes lo que dicen: «Lo que mal empieza mal acaba». A veces no, solo es un dicho, pero algunos tienen mucho de verdad.

Sea como sea, un bebé ni arregla nada ni tiene la culpa de nada. Es un ser pequeño, una persona indefensa, vulnerable y necesitada que requiere de nuestra comprensión, entrega, atención, cuidado y acompañamiento. Un bebé requiere mucho tiempo y, como ya hemos visto, nos hace de espejo y nos remueve. Con todo esto, es obvio que no arregla nada ni es la solución a una crisis de pareja. Mala idea. Pero tampoco es lo que hace saltar la pareja por los aires. Obviamente, levanta las alfombras y deja al descubierto toda la mierda que había debajo de nuestra relación: lo no dicho, los desencuentros, los patrones inconscientes de cada uno, las necesidades no vistas ni satisfechas, los niños interiores ávidos de atención y amor incondicional...

Así que no es de extrañar que se culpe a los bebés, pero no nos confundamos: no son ellos, es la mierda que hay debajo de las alfombras. Antes del peque se disimulaban y podíamos mirar hacia otra parte, pero con su llegada ya no.

La infancia siempre se ha llevado el sambenito, la culpabilidad y la responsabilidad de lo que le pasa a la pareja, y ya va siendo hora de que los adultos nos responsabilicemos de lo que hemos hecho con nosotros y con la relación antes y después de la llegada de los hijos. Si lo hacemos de forma sincera, responsable y sin disimulos, veremos que el bebé, pobrecito, de culpable nada.

Eso sí, llegan con un foco enorme y lo ponen justo donde más duele, que es, por lo general, donde no queremos mirar y hay un montón de inconsciencia. Por eso me gusta más hablar de regalo: es un regalo que iluminen las partes oscuras de nosotros y de nuestra relación para que veamos que allí hay algo a lo que tenemos que prestar atención y cuidados. Desde esta perspectiva, el trabajo como pareja que podemos hacer después de tener hijos es increíble. Te garantizo que, si estáis dispuestos a barrer toda la suciedad de debajo de las alfombras, podréis ser muchísimo más felices de lo que habéis sido nunca. Hay curro, es cierto, y barrer tanto a ratos cansa, pero el premio es tener un piso limpio y ordenado en el que dentro te sientas seguro y puedas vivir rodeado de amor y de paz. ¿No merece el esfuerzo?

¿Me ves?

Cuando, con todo lo que te he contado, entramos en contacto con nuestra vulnerabilidad y con nuestras heridas de la infancia (queramos verlas o no), a menudo, en vez de comportarnos como los adultos que somos, nos convertimos en niños que necesitan ser vistos y atendidos. Como Juan, que con la llegada de su hijo de repente se siente inseguro porque las dinámicas y los roles han cambiado, ya que Dolo centra su atención en el cuidado del bebé y en recuperarse. No es que ella esté distante, es que está ocupada, cansada y removida. Vamos, que suficiente tiene con lo suyo como para tratar a Juan como si fuera un hijo más. Pero no solo él se siente así: muchas veces los dos miembros de la pareja, removidos hasta las trancas, necesitan que la otra parte vea por lo que está pasando. A veces es inconsciente: hay una llamada de atención en forma de respuesta borde o con retintín. «¿Y esto a qué viene?», se pregunta a veces la otra persona. Pues es una herida que asoma la cabeza y dice: «Estoy aquí y no me estás viendo».

Es todo muy infantil e inconsciente, y con eso no lo estoy menospreciando, juzgando ni dándole menos valor. Al contrario, lo tiene, y mucho, porque suele ser la auténtica raíz de muchos desencuentros entre la pareja. Recuerdo lo removida que me dejó mi primer posparto. Mi marido trabajaba todo el día y yo pasaba muchísimas horas sola con mi hija. Cuando él llegaba, a las nueve de la noche, por un lado, estaba supercontenta de volver a estar los tres juntos y de sentir, al fin, que toda la responsabilidad de los cuidados de la bebé ya no recaía solo en mí. Pero, en vez de relajarme y contarle cómo estaba y lo que quizá necesitaba, me sentía molesta con él por no haber estado y por no llegar y validar mis emociones. Por no venir y decirme: «Debes de estar muy cansada, todo el día aquí sola con ella. Siento pasar tantas horas fuera de casa. Ojalá pudiera estar aquí y descargarte. Ve a tumbarte, ya me ocupo yo de todo».

Como me sentía molesta, a alguna de sus preguntas le respondía mal. Ya sabes, lo de «¿Qué tal la tarde?» y contestar un «¿Cómo quieres que haya ido, todo el rato aquí solas las dos? ¡Pues agotadora!», o sea, una respuesta un tanto desagradable que soltaba mi niña interior herida a la que la situación actual le recordaba a otros momentos de su vida en los que también se había sentido sola, agotada y no acompañada. Mi parte adulta había dicho «*Ciao*, pescao» y mi niña interior estaba al volante.

Él vivía otra realidad: estaba fuera más horas de las que quería y sentía que se estaba perdiendo el ver crecer a su hija. Eso lo hacía sentir triste y culpable, y, cuando llegaba, quería poner toda su mirada y atención en aquella bebé que no había visto en todo el día. Él también esperaba que yo me diera cuenta de que para él no era fácil no verla, perderse las novedades, llegar cansado y agobiado, lidiar con las preocupaciones. Cada uno vivíamos nuestro dolor y sentíamos que el otro no nos acompañaba en él. Por suerte, nos dimos cuenta: con mucho amor, mucha conversación y mucha responsabilidad a la hora de trabajarnos nuestras propias heridas, poco a poco pudimos ir haciéndonos cargo de ellas e ir sanándolas. A medida que nos comprendíamos más cada uno a sí mismo, también podíamos comunicar al otro qué nos pasaba y qué necesitábamos y así, nos fuimos acompañando mejor. Pero ¡menudo curro!

A lo largo de mi trayectoria profesional he atendido a muchísimas parejas. Vienen consultándome por los hijos, pero a menudo aparecen dinámicas entre ellos que debemos abordar. Cuando les pregunto «Y vosotros, ¿cómo estáis?», cada uno me cuenta su versión, y en cada caso y casi siempre hay una búsqueda de que alguien reconozca y legitime su dolor, su vivencia, su experiencia, sus heridas, su malestar... Muchas veces sienten que su pareja, que busca lo mismo, aunque no se dé cuenta, no lo hace.

Entonces los valido y reconozco todo eso, poniéndolo de relieve y legitimando el sentir de cada parte. Porque que uno sufra no significa que el otro no lo haga, y no hay un sufrimiento que pese más. Son compatibles, el dolor de cada uno existe y necesita ser visto. Cuando lo pongo de manifiesto, los nombro y los valido, automáticamente se relajan. Solo desde ahí son capaces, luego, de ver el dolor de la otra persona y, desde ahí, es posible construir algo mejor. Desde esa conexión podemos buscar lo que los une y cómo ayudar a su hijo. Sin ella, es muy difícil, porque el dolor de cada uno hace de barrera para que pueda entrar luz a todo lo que está ocurriendo y puedan pasar a la acción de una forma más asertiva. Me apasiona ayudarlos a ver sus heridas, desgastes y cansancios para que puedan encontrarse y ayudarse el uno al otro.

Ahora que ya te he contado todo esto, quiero que procures responder a estas preguntas sola o con tu pareja:

- ¿Sientes que tu pareja, a veces, ve tus necesidades, tu dolor, tu cansancio o tu malestar?

- ¿Crees que ves tu dolor, tu cansancio o tu malestar y los atiendes?

- ¿Sientes que sabes acompañarte?

- ¿Piensas que tu pareja te sabe acompañar?

- ¿A veces te sientes sola estando con tu pareja?

- ¿Habías sentido esto en otros momentos de tu vida antes de estar con tu pareja actual?

- ¿Crees que tenéis dinámicas tóxicas fruto de que cada uno sentís que la otra parte no os ve ni os atiende? ¿Os reprocháis algo?

- Si ahora no tienes pareja, ¿sientes que hubo algo de eso en tus relaciones pasadas? ¿Crees que eso fue lo que os acabó distanciando?

- ¿A veces te sientes como una niña pequeña que necesita mirada y atención?

- ¿Crees que tu pareja a veces actúa como un niño pequeño que busca tu mirada y atención?

- ¿Sientes que a veces haces de mamá o de papá de tu pareja?

En ocasiones, darnos cuenta de ello nos remueve e incomoda. No queremos ser niños pequeños, sino adultos relacionándonos con otros adultos. Pero no siempre es fácil. Lo no resuelto en la infancia aparece y nos devuelve al niño que fuimos. Saberlo, detectarlo y ponerle conciencia nos ayuda a atender al niño que fuimos desde el adulto que somos, y a vivir y relacionarnos de una forma más consciente y, por lo tanto, más sana.

Si te cuesta todo lo que te estoy contando, te animo a leer mi libro *Sentir*, porque te enseñará a acompañarte y a acompañar mejor a los demás.

TE PROPONGO…

Mira atrás: Te invito a que reflexiones sobre la llegada de tu primer hijo, si lo tienes. Quizá te ayude ver fotos de esa etapa. ¿Qué te dicen? ¿Fue un hijo deseado? ¿Recuerdas qué momento atravesabas cuando te enteraste de que serías madre o padre? Piensa seriamente en cómo eras en ese momento y qué esperabas. ¿Tenías expectativas? ¿Ese hijo llegaba para llenar un vacío inconsciente? ¿En qué punto estabas con tu pareja?

Haz este ejercicio de mirar atrás sola o con tu pareja. El objetivo no es que aparezcan reproches o culpabilidad, sino que veas quiénes fuisteis para comprenderos, abrazar lo vivido, dar cabida al dolor (si lo hubo) y también al amor y la inocencia si crees que es lo que había durante esa etapa. Da espacio a lo que salga, abrázalo y míralo con amabilidad y ganas de encajar las piezas. A menudo, para comprender el presente, es necesario poner conciencia, dar valor y abrazar el pasado.

Ámate: Para no caer en el «¿Me ves?» del que te hablaba en este capítulo, es importante que primero te quieras tú. Siempre. Verte, quererte, respetarte… Asegúrate de hacerlo contigo y así no tendrás que mendigar la atención. Parece de lógica aplastante, pero no lo es. Sin darnos cuenta, a veces pedimos a los demás lo que no somos capaces de darnos: esa escucha atenta, esa mirada, esa atención de las necesidades propias... Para un momento y pregúntate: «¿Me trato como me gusta que me traten? ¿Me quiero y me atiendo como necesito?». Si no lo haces, ha llegado el momento de aprender a hacerlo. Empieza por parar un momento y responder a estas preguntas: «¿Cómo estoy? ¿Cómo me siento? ¿Qué necesito?». Luego, pasa a la acción con lo que te indiquen las respuestas. Observa la salud de tu autoestima y, si está baja, ponte manos a la obra para situarla en un lugar sano.

Proyecciones: Como te he contado, el niño no tiene la culpa de nada. Son las alfombras y lo que hay debajo, que de repente vuela por los aires, pero no el bebé. Lo que pasa es que a veces proyectamos en él nuestras decepciones, frustraciones o el sentimiento de impotencia cuando las cosas no van como nos gustaría que fuesen. Comprueba si proyectas en tu hijo o hijos tu malestar, convirtiéndolos en el blanco de tu frustración, por ejemplo. Darnos cuenta de cuándo culpamos lo de fuera y no tomamos responsabilidad ni conciencia de lo que sucede nos ayudará a dejar de hacerlo y cambiar el patrón. ¿Cuáles son los blancos de tu diana particular? Identifícalos y ponles conciencia.

Valida y legitima: Te propongo que, a partir de ahora, te fijes en si eres capaz de validar y legitimar las emociones de los demás, aunque no sean las que tú sientes. Es decir, si llega tu pareja y te cuenta algo del trabajo que le ha removido, ¿eres capaz de validarle y centrarte solo en su sentir para acompañarlo o de repente empiezas a querer darle soluciones, a quitarle importancia para que no se preocupe o a decirle lo mucho que eso también te cabrea a ti, por ejemplo? La validación de las emociones (de tu pareja, de tus hijos...) es importante para que la otra persona se sienta vista. Fíjate también en si los demás te validan a ti y, sobre todo, si eres capaz de validar lo que sientes o si, en vez de eso, te juzgas, criticas o niegas las emociones que surgen.

RESUMEN

✓ La llegada de los hijos supone, inevitablemente, una sacudida emocional muy potente para los padres.

✓ Un hijo no soluciona una relación de pareja que hace aguas ni tampoco sirve para llenar vacíos que no hemos podido llenar nosotros. Tener hijos para solucionar las crisis es una mala idea.

✓ Cuando concebimos pensando que estamos construyendo una familia, pero lo hacemos sobre una base poco sólida, es fácil que, con la removida que conlleva pasar de ser dos a ser tres, los desencuentros y las frustraciones se multipliquen.

✓ Cada uno de nosotros vivimos un patrón de crianza de pequeños. Cuando nos toca criar a nosotros, es fácil que, en momentos de estrés o tensos, aparezca el patrón que nos resulta familiar y que hemos integrado como normal.

✓ Seremos, por lo tanto, dos personas criando desde dos patrones quizá distintos. Puede que no nos guste el patrón desde el que actúa nuestra pareja o al revés, y eso, por lo general, provoca muchos conflictos que pueden distanciarnos.

✓ Cuando tenemos un hijo, nos hace de espejo de nuestro pasado no sanado y, a menudo, con todas las emociones que emergen (muchas de ellas inconscientes), terminamos comportándonos de una forma más infantil que adulta.

✓ Darnos cuenta de eso nos ayudará a tomar conciencia, curar nuestras heridas, cubrir nuestras necesidades no satisfechas y relacionarnos desde un lugar más consciente y adulto.

3

Las dificultades de criar en pareja

*Ni Juan ni Dolo describirían el primer año de Bruno como «fácil».
Quizá tampoco fue demasiado difícil, pero a los dos les resultó complicado. Ahora, con la perspectiva que da el tiempo, los dos admiten que
no sabían nada y que se metieron una hostia de dos pares de narices.
Sus expectativas estaban tan alejadas de la realidad y creían que sería
tan simple —si lo hacía todo el mundo, debía serlo— que fliparon en
colores. Además, venían de una luna de miel: dos años juntos enamo-
radísimos, entregados a un romance de luz y color, y casi no les había
dado tiempo de descubrir las miserias de cada uno. Que, como todos,
las tenían.*

*Cuando aparecen el cansancio, las noches de fiebre de un bebé que
no puede dormir, las toses, los mocos, las horas de brazos, el poco
autocuidado y el cambio radical de vida que no imaginabas, salen las
miserias. ¡Y de qué manera! No es que no fueran felices, lo eran... a
ratos. Ninguno de los dos, si les hubieran preguntado si volverían
atrás, hubiese respondido que sí. En absoluto. Adoraban a Bruno y a
lo que eran con él, pero nada les resultaba fácil.*

*Lo más impresionante no fueron los cambios en casa a nivel de
juguetes, pañales y un largo etcétera, sino lo que sentían por dentro,
que los descolocaba día sí día también. A veces lo hablaban y veían que
estaban más en el mismo barco de lo que creían, pero en ocasiones se
lo guardaban porque creían que, si compartían según qué, el otro
se ofendería, y no tenían energía para más discusiones de las que ya*

aparecían de la nada y sin darse cuenta. Así que callaban, y había algún momento en que, inevitablemente, se sentían solos estando acompañados.

Sin saberlo, Juan seguía notándose vulnerable. A veces pensaba que Dolo estaba muchísimo más unida a Bruno que él, y sentía que no acababa de encontrar su sitio en la nueva familia. Eso le hacía creer que quizá no sería un buen padre o que sería uno ausente, como lo había sido el suyo antes de morir de cáncer cuando él tenía nueve años, y eso le carcomía por dentro. «Cómo vas a ser un padre ausente, tú no eres así», le decía Dolo alguna vez, pero eso no calmaba sus miedos, y Juan seguía teniendo dudas de que fuera a ser el padre que le gustaría.

A ratos, la que se sentía vulnerable era Dolo, sobre todo cada vez que veía a sus padres y notaba que se hacía pequeña delante de ellos. Tampoco quería repetir el patrón que siguieron con ella: aunque la quisieron mucho y lo hicieron tan bien como pudieron y supieron, ella no sintió que, durante su infancia, la acompañaran como necesitó. Dolo quería hacerlo mejor, y se ponía tanta presión y tanta autoexigencia encima que, en ocasiones, se sentía agotada por no dejar de cuestionarse la realidad. Leía todos los libros de crianza que caían en sus manos y quería aprenderlo todo, pues se había dado cuenta de que no sabía nada. Pero aplicar esa teoría a diario le resultaba muy difícil, y luego, cuando sentía que no llegaba a ser la madre perfecta que le gustaría, se desanimaba, frustraba y culpaba: «Serás como tu madre, que no supo conectar contigo», le decía su voz interior, y eso la dejaba hecha polvo y sin ganas de nada.

Pero eso no era todo: desde el nacimiento de Bruno, Juan andaba loco por quedar con su madre y su hermana para que crearan mucho vínculo con él, cosa que a Dolo le molestaba. No es que no le cayeran bien, al contrario, pero notarlo tan pendiente de su familia la hacía sentir excluida. A veces le había dicho: «Juan, que Bruno no es un trofeo para ir enseñándoselo cada dos por tres a tu madre». Él se había ofendido muchísimo y habían estado toda una tarde sin dirigirse la palabra, pero Dolo no podía entender por qué no se centraba más en ella y en Bruno, que ahora eran su nueva familia, y dejaba de estar tan pendiente de su madre y de su hermana. «Ni que volviera a tener seis años», pensaba ella a menudo.

¿Qué era real y qué no? Difícil de decir, porque cada cual vivía a su manera lo que se manifestaba en el presente y lo interpretaba según sus heridas de la infancia, según si había dormido o no, si se sentía más o menos conectado… Ninguno de los dos se hubiera imaginado que sentiría tantas emociones ni tampoco que, de la mitad de ellas, ni siquiera sería consciente…

Por suerte, también pasaban muchos momentos buenos de conexión en familia y de sentir que sí, que poco a poco iban saliendo a flote y que, en realidad, no cambiarían ni una coma de lo que estaban viviendo. Eso sucedía especialmente por las mañanas de los fines de semana, cuando se tumbaban todos en la cama y se tiraban un buen rato allí riendo y amándose.

—Soy tan feliz los sábados y domingos por la mañana…

—Y yo… Ojalá siempre pudiéramos ir a este ritmo, ojalá tener tiempo siempre y no ir corriendo de un lado a otro…

Porque esa era otra: las prisas, las obligaciones, los trabajos. Dolo únicamente daba clase un par de tardes a la semana, así que no necesitaban escuela infantil ni canguros porque Bruno se quedaba con su padre esas horas y el resto con Dolo. Pero daba igual: los dos sentían que iban de culo y que no llegaban a nada, en especial las semanas que el peque pillaba algún virus de esos que dejan KO a toda la familia.

—La sociedad no nos cuida —decía siempre Dolo, a la que le sabía mal. A ratos se sentía un poco olvidada, como si lo que estaba haciendo no fuera importante, como si fuera invisible a ojos del mundo, cuando para ella era lo más crucial, difícil y transformador que había hecho nunca.

Cada vez se sentían más cómodos y seguros con lo de criar a Bruno y, como decía la señora de preparación al parto, pasado el primer año, todo fue bastante mejor. Seguían sin dormir mucho, cansados y removidos, pero lo veían crecer. Era un niño maravilloso, y ellos cada vez tenían más experiencia, lo que los hacía sentirse más fuertes y seguros. Hasta que Bruno cumplió dos años y llegó algo que tampoco esperaban, o al menos no lo esperaban así.

Resultó que el peque tenía carácter, como sus padres, y entró en la fase egocéntrica por la puerta grande. «¡Aquí estoy yo!», parecía decir. Los pollos, las exigencias, los llantos y los manotazos eran el plato del día en esa etapa. Dolo, que había leído más, lo llevaba con paciencia y comprensión. Juan, no. Cuando Bruno se cabreaba por cualquier tontería y estallaba la rabieta, a Juan le salía una irritación parecida a la del peque, y era muy difícil hacerlos salir de allí.

—¿Pero no ves que te comportas como si tuvieras cuatro años? ¡Te lo tomas como algo personal y no lo es! Jolín, Juan, si te hubieras leído los artículos que te he pasado estos años o algún puto libro de los que te he dicho mil veces, quizá ahora no estaríamos así.

A Juan, cuando Dolo le decía eso, le aumentaba la rabia porque se sentía como cuando era pequeño y su madre le reñía porque no había hecho los deberes. Pensaba que nunca estaría a la altura de lo que ella esperaba de él en cuanto a la crianza de Bruno y, aunque era cierto que en dos años no había leído nada sobre el tema, tampoco quería responsabilizarse de ello.

Alguna vez había pensado eso de «A mí me criaron como se hacía antes y estoy bien», aunque, cuando alguna vez lo había hablado en profundidad con Dolo, admitía que quizá no estaba tan bien como le gustaba imaginar, pero… ¡menuda pereza le daba mirar hacia dentro!

—¿Qué necesidad hay de remover la mierda? —preguntaba Juan.

—Pues la necesidad de no terminar tirándole esa misma mierda a Bruno, que no tiene la culpa.

—¿Tan mal lo hago?

—Juan, no es eso, no hagas lo de ponerte en modo «no pasa nada» o en modo víctima. Se trata de hacerlo mejor, al menos de intentarlo, cuando detectamos cosas que pasan y que no nos gustan de nosotros al criarlo, ¿no? Y no eres solo tú, también soy yo. A veces digo y hago cosas que había jurado que no haría con él, y mira…

—Pues eso, lo intentamos, pero hacemos lo que podemos.

—A veces pienso que no lo intentamos lo suficiente, que nos conformamos cagándola una y otra vez y, joder, Juan, que ya ha cumplido los dos años y no puede tener unos padres que se comportan como si tuvieran cuatro. ¡Que somos los adultos, actuemos como tales!

—Dolo, lo amamos un montón…

—Faltaría más… Pero quizá amar no sea suficiente, ¿sabes? Quizá haya que trabajarse, aprender, arremangarse… Si no, es probable que acabemos haciendo lo que no queríamos, como nuestros padres, que también nos querían pero a veces nos transmitían justo lo contrario. Como tu padre, ausente cuando no estaba y cuando estaba, y que si decía algo era para reñirte o castigarte. O como mi madre, que era tan exigente que sentía que solo me quería si era perfecta…

Ese día, Juan pensó que si algo no quería era cometer los errores de su padre. Se dio cuenta de que, cuando el peque no hacía lo que él esperaba, le salía lo mismo que le habían hecho a él: subía el tono de voz, lo amenazaba y lo reñía de una forma tan visceral que a veces se sentía fatal cuando se acostaba en la cama al recordar la cara de miedo que Bruno había puesto. Al día siguiente metió en la mochila uno de los libros que Dolo le había recomendado leer antes de irse a trabajar. Si quería hacerlo distinto, tenía que empezar por actuar de otra forma, y debía responsabilizarse.

Cuando Dolo lo vio, no dijo nada, pero pensó: «Gracias». Quería ir a una con él, formar equipo, pero a veces le costaba cuando se daba cuenta de lo poco que empatizaba con Bruno. Ese hombre, al que tanto quería, se convertía en un extraño cuando lo veía relacionarse con el peque de esa manera; en esos momentos, le gustaba cero. Temía que la admiración, el deseo y el amor que sentía por Juan se desvanecieran si no se convertía en un padre al que admirar, desear y amar. Supo que, para estar con el hombre que tenía delante, también tenía que gustarle el padre que era, y eso, a veces, no ocurría.

La falta de autoconocimiento

Sería genial que todo el mundo hiciera terapia antes de tener hijos, que hacia los veinte o veintitantos años nos diéramos cuenta de la importancia de dedicar tiempo a explorar el mundo interior de cada uno, a conocernos de verdad y a terminar de construir las partes de uno mismo que quedaron dañadas en el pasado. Pero no, la mayoría de las veces seguimos adelante sin mirar atrás, sin explorar ni tomar conciencia de lo que hemos vivido y cómo, de nuestras heridas, etc.

Pasamos a crear parejas y familias con bases muy poco sólidas, con fisuras más o menos grandes en el pasado y, muchas veces, esas relaciones empiezan mermadas. El enamoramiento tapa todo lo demás, pero a menudo las parejas son más fruto de necesidades que de verdadero amor incondicional, que es libre, consciente y maduro. En muchas ocasiones es un «Me suples una carencia que ni siquiera sé que tengo, pero me hace sentir bien mientras me la satisfaces», y entramos en un juego de «Te doy-me das lo que necesito» que a veces crea unos vínculos de dependencia muy fuertes y muy poco sanos.

Con la llegada de los hijos todo se tambalea porque casi siempre construimos este castillo de naipes sin ser conscientes ni de lo que hemos hecho ni de dónde están los fallos. Luego es todo frustración, expectativas que se caen al suelo y necesidades antiguas que, de nuevo, quedan sin satisfacer. Aparecen el malestar, la culpa que lanzamos sobre el otro y sobre nosotros mismos, la distancia, el miedo y todo lo demás, y es francamente difícil construir una familia con tanto desarrollándose en los dos miembros de la pareja.

Las relaciones interpersonales suelen ser difíciles porque somos diferentes, pero, sobre todo, porque no nos conocemos ni a nosotros mismos. Sin saber cómo somos, intentamos conocer al otro y empezamos mal. Todo parte de uno: si queremos relaciones conscientes con otras personas, es imprescindible que nos conozcamos.

El autoconocimiento es indispensable para construir algo sólido no solo con los demás sino, para empezar, con nosotros mismos. Crear una vida, un presente, pero también un futuro, una carrera o un propósito sin conocernos de verdad es empezar mal, muchas veces fruto de una búsqueda de algo que me hará sentir mejor y tapará un poquito mi malestar. Ya sabes, lo de «Cuando consiga ese puesto, seré feliz y me sentiré realizado», «Cuando tenga pareja, me sentiré pleno» o «Cuando tenga un hijo, alcanzaré ese bienestar que tanto anhelo»… Es esa cartilla de *checks* de la que hablábamos en otro capítulo.

La manera de estar mejor con nosotros mismos es ir hacia dentro, ver quiénes somos, cómo hemos llegado hasta aquí, en qué momentos nos removemos y por qué, qué echamos en falta durante la infancia, qué nos ha dolido en la vida, de qué tenemos miedo, etc. El autoconocimiento y comprender a fondo nuestro mundo interno nos ayudará a sanarnos poco a poco e ir haciendo de nuestra base algo más sólido donde seguir construyendo solos y con los demás. Pero cuando ese conocimiento no está, empezamos a añadir cosas, personas, hechos… a una base que, en cualquier momento, puede hacer aguas.

Luego sucede lo que les pasa a Juan y a Dolo: les salen movidas por todos los lados (de algunas ni siquiera se dan cuenta) y les cuesta construir su propia familia desde una base tan poco sólida y firme. Si conocías a Dolo por la novela *RemoVidas*, sabes que ha hecho algo de trabajo personal, pero la maternidad ha seguido levantando alfombras, de manera que se da cuenta de la cantidad de cosas que aún no tenía resueltas. Juan, que nunca ha hecho crecimiento personal, no solo no es consciente de lo necesario que es, sino que lo ve con pereza, y a ratos parece que prefiere reproducir el viejo patrón que él integró sin ni siquiera cuestionárselo.

Esto ocurre muchísimo, y la respuesta no es otra que ir hacia dentro y recorrer el camino de preguntarnos: «¿Qué me ocurre en este momento? ¿Cómo me siento? ¿Qué necesito? ¿Por qué creo

que me estoy sintiendo así?», etc. Parar, observar y escucharnos...
Porque las heridas nos hablan de nosotros, pero necesitan que estemos dispuestos a escuchar y atender. Si no lo hacemos, cada vez
tendrán que gritar más fuerte hasta que sea imposible ignorarlas.
No esperemos a llegar a ese punto; démonos cuenta de lo importante que es saber quiénes somos y de dónde venimos si queremos vivir
una vida plena, ya sea con hijos o sin ellos.

Si todavía no tienes hijos y nunca has hecho trabajo personal, te
animo a iniciarlo. Bien, este libro quizá te ayude a mirar hacia dentro, a reflexionar sobre momentos de tu vida, pero insisto, ¿por qué
no empezar un tiempo de terapia? No es necesario estar ahogado en
la mierda, que es cuando parece que los seres humanos decidimos
buscar ayuda. Podemos hacerla para resolver partes de nosotros que
nos hacen sentir mal, recuerdos que duelen o situaciones que no
hemos sido capaces de procesar. Invertir en nuestro autoconocimiento es, sin duda, un acto de amor propio.

Si no te apetece compartirlo con nadie y no quieres ayuda profesional, te recomendaría que empezases por parar un rato al día y
escucharte. Siéntate en un lugar tranquilo de tu casa, cierra los ojos
y céntrate en tu respiración. Inhala y exhala despacio, y quédate así,
sin moverte y respirando durante, para empezar, cinco minutos. Ve
aumentando el tiempo en los próximos días hasta que puedas rega-
larte espacios de media hora para escucharte, tenerte en cuenta y
meditar. La meditación es una gran herramienta de conexión con
nosotros mismos y con lo que nos rodea. No hay nada que te pueda
recomendar con más convicción y fervor. Pruébalo. Es simple: siéntate, cierra los ojos y pon conciencia en tu respiración durante unos
minutos. Ni te imaginas lo que aprenderás de ti en estos ratos diarios de escucha. No tienes nada que perder, hazlo.

Si hubiéramos tenido referentes familiares, sociales y culturales que nos enseñaran a mirar hacia dentro, a autoconocernos y a trabajarnos antes de tener hijos, otro gallo nos cantaría. Pero lo que hemos visto hacer y a lo que nos empuja esta sociedad rápida y vertiginosa es a ir hacia delante, a atropellarnos, a no escucharnos ni tener en cuenta nuestras necesidades o deseos. Es como el mundo al revés: necesitamos aquello hacia lo que nadie nos enseña a ir. Ni de pequeños, mientras aprendemos de todo lo que vemos, escuchamos y sentimos, ni tampoco de adultos.

Vivimos en una sociedad de espaldas al ser, al sentir, al desarrollo personal, a la escucha interior, al parar, a lo lento y profundo. Al contrario, parece que, cuanto más rápido y superficial, mejor. Si se puede hacer en quince minutos, genial, pero, como requiera más, ¡uf, no, qué palo! A esta velocidad, y desde este sistema de creencias, ¿cómo vamos a parar, escucharnos, aprender de nuestro mundo interior y transformarnos aprendiendo y creciendo de forma consciente? No, lo que pasará es que lo haremos (porque aprender es inevitable) a base de palos, porque no escucharnos y no trabajarnos tiene consecuencias, y normalmente no molan mucho que digamos.

Si de pequeños se nos hubiera invitado a tenernos en cuenta, a escuchar nuestro mundo interior, a aceptar nuestras emociones y conocerlas para aprender a transitarlas, a enfrentarnos a los conflictos desde la certeza de que nos ayudan a aprender y que se pueden vivir de forma asertiva y consciente, etc., ahora, de adultos, nos costaría mucho menos crear relaciones sanas y conscientes. Primero con nosotros mismos, sabiendo qué somos y qué no, qué necesitamos y qué no queremos en nuestra vida, qué es tóxico y qué no... pero también con los otros —pareja, familiares, amigos, etc.—, y esto nos permitiría vivir una vida más plena y feliz. Y como no hemos integrado esta forma de relacionarnos con nosotros y con los demás, vamos aprendiendo a base de decepciones, malestar, desencuentros y relaciones llenas de dependencia. Bueno, es lo que hay, qué le vamos a hacer. Pero quiero proponerte que respondas a estas preguntas:

- ¿Has hecho o haces algo para conocerte mejor e integrar lo que has vivido?

- ¿Has visto a tu madre o a tu padre apostar por su crecimiento personal de alguna forma?

- ¿Sientes que te conoces?

- ¿Sientes que tu pareja se conoce?

- ¿Sobre qué base crees que se asienta tu relación de pareja, si la tienes, o las relaciones que tuviste en el pasado?

- ¿Crees que ha habido algo de dependencia o de necesidades que buscabas que la otra persona satisficiera?

- ¿Crees que has tenido alguna relación tóxica?

- ¿Cómo crees que te tratas? ¿Bien? ¿Mal?

A lo largo de mi carrera profesional acompañando a familias, he visto a muchísimas parejas con problemas que empezaban a conocerse cuando sus hijos tenían tres, cuatro o seis años. Hasta entonces no empezaban a identificar aspectos de sí mismos y de su pareja que nunca habían visto (o no habían querido ver). Una vez empiezas a poner conciencia en ti y en lo que te rodea, ya no puedes parar. Es como si te quitaran la venda de los ojos. Aunque te la vuelvas a poner, ya no puedes olvidar lo que has visto, es imposible volver atrás. Es decir: cuanto más empezaban a conocerse, más se daban cuenta de todo lo que les había pasado como pareja y lo que había provocado en ellos el hecho de llegar a la relación cargados de heridas y falta de autoconocimiento y conciencia.

Por suerte, pienso que nunca es tarde para darnos cuenta, sanar, aprender y evolucionar, y eso puede ser una revolución que nos lleve a nosotros, como personas, y juntos, como pareja, a un nivel muchísimo mayor de plenitud, felicidad y conciencia. Pero claro, a veces el camino no está exento de dolor.

Es como cuando Juan ve que con Bruno aparecen cuestiones no sanadas del pasado con su padre, aunque no le guste. O como cuando Dolo se da cuenta de la removida interna que le genera la relación con su madre: la echa de menos, pero a la vez sabe que le duele lo mucho que le exigió de pequeña y, de manera inconsciente, eso le impide disfrutar plenamente de la maternidad...

Ojalá nos convirtamos en madres y padres sin miedo a resolver nuestras miserias y carencias. Ojalá les hagamos frente y enseñemos a nuestros hijos que a los adultos también nos pasan cosas y que, cuando suceden, cogemos el toro por los cuernos y hacemos lo posible para aprender lo que eso ha venido a enseñarnos. Ojalá seamos madres y padres que nos cuestionemos y que, cuando nos removamos, no solo no rechacemos esa removida, sino que nos sintamos motivados a aprender de ella, a mirar hacia dentro, responsabilizándonos de lo que nos ocurre sin culpar a los demás —pareja, hijos, etc.— de nuestro malestar. Ojalá seamos madres y padres que, cuando la caguemos, en vez de limitarnos a pedir perdón y cagarla otra vez al cabo de unos días o semanas, hagamos lo posible por aprender de ese error y crecer con él para no volver a cometerlo.

Así crearíamos referentes más conscientes y seríamos capaces de criar desde un lugar más adulto y sanado. ¿No sería maravilloso pensar que, cada vez que pasamos la escoba por debajo de la alfombra, estamos ayudando a nuestros hijos a tener su futura casa más limpia y luminosa? Pensar eso me motiva, me empuja y me hace ser más consciente todavía. Estoy convencida de que ese es el camino para que nuestros hijos tengan relaciones sanas y conectadas, y eso depende, en buena parte, de lo que hagamos nosotros. No te lo digo para que entres en modo culpa y la responsabilidad te pese como una losa, en absoluto, sino para despertarte las ganas y el compromiso de andar un camino que no es solo beneficioso para ti, sino también para tus hijos y para las generaciones venideras.

Lo merecen. Lo mereces. Lo merecemos.

No tenemos herramientas

Esta es la consecuencia de todo lo que te he contado. ¿Cómo vamos a tener herramientas? Toca encontrarlas a medida que recorremos el camino. Más adelante te daré algunos consejos para que consigas dar la vuelta a la tortilla de lo vivido y heredado como sociedad, pero ahora quiero que averigües si las tienes, si cuentas con las suficientes para transitar la crianza en pareja de forma asertiva y conectada. Si es que sí, genial, me alegro de verdad. Si es que no, no te tortures, porque es lo normal, teniendo en cuenta todo lo anterior.

Pero no es solo que nos falten herramientas para conocernos mejor y establecer relaciones más conscientes y plenas con los otros, sino que, además, tampoco sabemos comunicarnos. Estamos acostumbrados a ver a nuestros referentes comunicándose —en especial en momentos de conflicto y tensión desde la acción-reacción, muy conectados a la emoción y enganchados al conflicto. Por lo tanto, muy desconectados de una comunicación empática y asertiva que les ayudará a encontrarse en un lugar amoroso y común desde el que solucionar los conflictos que, inevitablemente, surgen durante la crianza de los hijos.

A todo eso tenemos que añadirle la falta de información. Cuántas parejas no me han dicho lo de «¡Es que nadie te cuenta lo que pasa en la pareja después de tener hijos!». No creo que sea así, pero en la mayoría de los casos tampoco hay una voluntad real de informarse a fondo antes de tener hijos, y es normal. Da pereza, y a veces miedo, entrar en según qué contenidos, y a menudo la táctica es la de «Bueno, ya lo abordaremos cuando toque», pero a veces el «cuando toque» llega en modo de explosión y demasiado tarde.

Y no solo eso: nos informamos poco de las etapas de la infancia, de sus necesidades, de qué podemos esperar a cada edad, y muchas veces acabamos haciendo un mundo de situaciones absolutamente normales porque no sabemos que lo son. Nos preocupamos, nos enfadamos con nuestra pareja porque tenemos distintas maneras de afrontar ese escenario, cuando en realidad lo que nos pasa es que tenemos expectativas erróneas o nos falta información.

HOMBRES Y MUJERES

Por mi experiencia laboral puedo decir, sin ninguna duda, que en eso llevan ventaja (por goleada, además) las mujeres. Ellas son las que, por lo general, se informan más, las que leen, se forman, miran vídeos, van a ver a especialistas, etc., incluso antes de tener hijos. Ellos, muchos, les dicen aquello de «Ya me lo cuentas» o «Es que te preocupas demasiado». Seguro que algunas sí, pero no se trata de buscar información porque se esté preocupada, sino para no terminar estándolo, para ir más seguras y tranquilas, y gozar más y mejor de una maternidad a la que la información puede aportar mucha paz.

Estoy generalizando. Si eres hombre y me estás leyendo, quizá te hayas sentido removido. Lo entiendo. Ya sabes que las generalizaciones siempre son odiosas, pero créeme cuando te digo que la diferencia es abismal. No hace mucho, en una conferencia que impartí para cuatrocientas personas y en la que, de nuevo, la mayoría eran mujeres, pregunté cuántos hombres habían ido allí obligados. Algunos levantaron la mano riendo, pero siendo muy sinceros, la verdad. En los retiros que doy para parejas, casi siempre son ellas las que deciden venir y ellos aceptan porque, bueno, pasar un fin de semana sin hijos les parece un planazo, pero hacer un taller para reconectar con la pareja no es lo que más les apetece. Eso no significa que, a medida que profundicemos, no les vaya cambiando la percepción. De hecho, son ellos los que, cuando terminamos el fin de semana de retiro, se sienten más agradecidos y sorprendidos de lo mucho que necesitaban algo así. Pero, de entrada, hubieran preferido un fin de semana con su pareja y sin taller, sin duda ☺. No los culpo: el patriarcado les ha hecho mucho daño también a ellos, como veremos a continuación.

La afirmación «La crianza es cosa de mujeres» ha estado y está aún hoy en el imaginario colectivo. Quizá de forma inconsciente en muchos casos, pero sigue ahí. El patriarcado y el daño que ha hecho en tantos sentidos no se reparará ni aniquilará de la noche a la mañana, en absoluto. Harán falta muchas generaciones para ir cambiando creencias superarraigadas y maneras de hacer entre hombres y mujeres. En la crianza se ve tan claro que a ratos me parece abrumador. Sí, por suerte está cambiando, pero seguimos muy lejos de estar a la par. En una gran mayoría de los casos, las mujeres continúan asumiendo la carga mental de organizar los menús, las actividades escolares y extraescolares, la mochila cada mañana, los pediatras, son las que se saben qué número de pie calza su hijo, las que están en los grupos de WhatsApp de la clase, las que organizan las quedadas con los amiguitos del cole alguna tarde, etc.

Pero es que, no hace tanto, el hombre estaba desaparecido durante la crianza. Es arrollador el número de familias que he tenido en la consulta a lo largo de estos años que, cuando les he preguntado por sus referentes, me han contado: «Mamá estaba, pero papá no. Papá trabajaba fuera, llegaba tarde y, cuando venía, la mayoría de las veces no se responsabilizaba de los temas de crianza». Sí, algunos jugaban con gusto, otros aparecían para reñir a sus hijos después que la madre les dijera «Mira lo que ha hecho tu hijo hoy», pero, en general, con una función paterna muy pobre.

Ojo, quizá me estás leyendo y tu padre fue de los que estuvo y dejó un gran poso en ti. Me alegro, tuviste suerte, y celebro que fuera consciente de lo mucho que lo necesitabas, pero, por desgracia, no es lo habitual, y menos hace años. A todo esto tenemos que añadir el hecho de que, para las mujeres, es más fácil conectar con su parte emocional. Y no solo conectar, sino que (perdón por generalizar de nuevo) tienen más interés en el sentir propio y ajeno, más escucha interna que ayuda a poner el foco en el acompañamiento de los hijos. A ellas, el patriarcado las dejó ser más emocionales, al contrario que a los hombres. Que un hombre hablara de sentimiento o interés por el sentir de los demás se consideraba poco masculino, y los que se mostraban conectados con sus emociones o se atrevían a llorar podían ser tildados de «maricas» o «nenazas». Esta es la sociedad de la que venimos: ha hecho mucho daño al dar a entender a los hombres que serlo era sinónimo de alejarse de su sentir y del de los demás.

El acompañamiento de los hijos, seres emocionales que expresan lo que sienten sin filtro y a destajo (en especial durante los primeros años de vida), obliga a conectar con su sentir. Pero si lo que recibiste a nivel familiar, cultural y social fue que eso no era para ti, que las emociones o el acompañamiento pertenecían al ámbito femenino y que no te competía porque eras hombre, te distanciabas. De forma inconsciente, levantabas un muro para que esas emociones no impactaran en ti. Muchos hombres lo construían a base de autoritarismo, riñas, castigos, gritos y fuerza, y esta forma de hacer que varios siguen manteniendo de manera inconsciente los alejaba de unas mujeres que actuaban de otro modo.

Insisto: hay hombres y hombres, y hay mujeres y mujeres. Nada es blanco o negro, pero no estoy describiendo una fantasía. Estoy convencida de que tú también te has percatado de que los hombres y las mujeres se relacionan, por lo general, de distinta forma con el sentir, con las emociones y con el acompañamiento de estas. E, inevitablemente, esta distinta forma de relacionarse (que no es culpa de nadie, sino de un sistema atroz) nos ha separado. Hay que esforzarse por comprender el dolor histórico heredado de un patriarcado aplastante respecto a lo que somos en esencia para encontrarnos de nuevo, darnos la mano y criar a los hijos como un verdadero equipo. Nos falta todavía mucho por transitar para dar carpetazo a toda esta herencia. Y no es fácil, pero lo lograremos con conciencia, voluntad y sanando las heridas que cada uno tenemos al respecto.

La sociedad no acompaña

Vivimos una época donde todo va muy rápido: la tecnología, el consumo, la moda, etc. Todo pasa en un abrir y cerrar de ojos, prima la inmediatez, lo breve, la falta de profundización y el *scroll*. De hecho, me sorprende que la gente siga leyendo libros como este, en el que se intenta profundizar y dar respuestas que superen los quince segundos ☺. Por cierto, una vez más, gracias por leerme, porque de verdad que, en el mundo en que vivimos, tiene mérito. Así pues, está claro que la sociedad no ayuda a conectar con uno mismo, a revisarnos y a conectar con nuestra pareja para descubrir puntos en común, negociar, hablar, encontrarnos y amarnos de una forma que nos ayude a criar juntos. ¡Es muy difícil! Con tanta prisa, tanto estrés y tanto cortisol corriendo por el cuerpo, lo habitual es que las parejas de hoy, más que estar juntas y acompañarse en el proyecto de vida que construyen, se pasen el parte: «El niño ha cagado una vez, casi no ha merendado y ha salido supercansado del cole, no tardes en ducharle», y así en cada encuentro.

«Es que ahora solo somos compañeros de piso» o «He tenido compañeros de piso con los que nos hemos demostrado más amor que con mi pareja» son frases que he oído en mi consulta más veces de las que recuerdo. Porque no hay tiempo y, el poco que tenemos, si acecha el malestar propio, intentamos evadirnos. ¡Cuántas parejas que casi no tienen tiempo para estar a solas, cuando lo tienen, se ponen a mirar el móvil! Cada cual a lo suyo, porque hay tal agotamiento físico y mental que, cuando llega un momento de descanso, ninguno tiene ganas de entablar una conversación que requiera conectar las neuronas. Mejor evadirse y dormir.

No, no es excusa, pero ocurre: vivimos en una sociedad que no cuida a las personas, y menos todavía a las familias, y menos todavía a la infancia. Si pusiera a la infancia en el centro, pondría a las familias en el centro, y los ritmos serían otros, pero esto, imagino, no interesa a un sistema productivo y económico que nos quiere trabajando y, cuanto más, mejor. Es, si lo piensas con frialdad, un buen despropósito que hemos seguido a pies juntillas casi sin cuestionárnoslo. Apechugamos y adelante. Pasamos muchas horas fuera del hogar, con lo que los hijos están casi todo el día escolarizados y con extraescolares, para llegar a casa agotados adultos y niños. A más cansancio, más malestar que se expresa de formas poco asertivas, y más conflicto, que implica a su vez más cansancio, y así un día tras otro.

Lo más importante de la vida, lo que deja huella, requiere tiempo, y criar a un hijo lo es, pero también lo requiere criar en pareja y cuidar de esta relación de dos que necesita mimo y una buena digestión de todo lo que sucede en un día tan trepidante. Cuando no hay tiempo, cuando no hay momentos para la conexión propia y con el otro, es muy difícil relacionarnos desde el adulto consciente que podemos ser y, fruto del cansancio y el agobio, muchas veces lo hacemos desde nuestro niño interior. ES AGOTADOR.

¿Cómo revertirlo? Tomando conciencia y planteándonos qué vida queremos, eliminando todo lo superfluo de nuestro día a día y tomando acción consciente de cómo queremos que sea la convivencia. Y esto pasa por arremangarse y esforzarse, porque lo fácil, créeme, es tumbarse en el sofá y ponerse a mirar el móvil desconectando de todo y de todos. Lo difícil es currárselo para llevar una vida acorde con lo que uno siente y regar el jardín con el padre o la madre de nuestro hijo. Cuidarnos, mirarnos, abrazarnos, pero también resolver conflictos, pactar límites comunes, etc. (hablaremos de ello más adelante). No hay otra: la sociedad no lo hará por nosotros, no nos lo pondrá nada fácil, así que depende única y exclusivamente de nosotros, de nuestra toma de conciencia, de nuestra voluntad y ganas, y de nuestro curro interno y externo. Créeme: la recompensa es enorme, y te la mereces. No lo dudes ni por un segundo, hay recompensa.

TE PROPONGO...

Para y escucha: Te animo a parar un rato cada día, aunque solo sea unos minutos. Para y escúchate, observa qué ocurre con tu respiración cuando la ralentizas, qué notas en el cuerpo, pero también qué piensas y sientes. Este ejercicio de parar y observar nos ayuda a tenernos en cuenta y a afinar la escucha interna. Hacer espacio a lo que nos ocurre dentro nos ayuda a darnos cuenta de lo que queremos, de lo que necesitamos, de lo que no funciona, de lo que sí, etc. Hazlo y observa. Daño, te lo aseguro, no te hará.

Qué te falta: Te propongo que, después de leer este capítulo, cojas papel y boli y anotes qué crees que te falta, es decir, qué carencias tienes a nivel de herramientas, información, autoconocimiento... Identificarlas es imprescindible para hacer algo con ello y pasar a la acción. Puede ser un ejercicio en pareja, pero, por favor, evita fijarte en sus carencias. Cada uno ha de hablar de las suyas si no queréis caer en el juicio y la crítica con el típico «Es que tú...».

El peso del patriarcado: Te invito a que te plantees cómo te ha influido el patriarcado y qué creencias limitantes te ha inculcado. Pero también te propongo que te preguntes y sientas si también cargaron con ese peso tu madre, tu padre, tus abuelos, tu pareja... y cómo se manifestó o se manifiesta. Este trabajo, si lo haces con conciencia y profundamente, puede ser muy triste, porque, cuanto más ves cómo el patriarcado se ha cebado en cada uno, más dolor emerge, pero también más conciencia y más te puedes librar de él. Así que, aunque duela, haz este ejercicio y compártelo con gente de confianza. Es un peso con el que cargamos todos, y hablar de él nos ayuda a sentirnos un poco más ligeros.

¿Qué relación tenemos?: Te propongo que en algún momento te regales tiempo a solas para salir a pasear en silencio o ir a algún sitio que te guste. Una vez allí, hazte esta pregunta en el caso de que tengas pareja: «¿Qué relación tenemos?». Observa si se parece a la de unos compañeros de piso, si os sentís conectados, si hay complicidad e intimidad, si hay admiración, si es una relación de pasaros el relevo o el parte, etc. Más que pensar en ello, te animo a que, en este lugar especial para ti y a solas, sientas qué relación tenéis y si hay algo que te gustaría que fuera diferente. ¿Qué es? ¿Se puede cambiar? ¿Qué necesitas para cambiarlo? Cuando lo sepas, genera el espacio para ponerlo en común y hablar de ello los dos.

Con qué frecuencia aparece el niño interior: Otra toma de conciencia reveladora es ver cada cuánto aparecen en la pareja los niños interiores y luchan entre ellos. En ocasiones es muy de vez en cuando; en otras, cada día. Si ves que es muy a menudo, observa si hay espacios en los que aún os relacionéis adultos o si ya no los hay y vuestros niños interiores siempre llevan las riendas. ¿Habláis vosotros o vuestras heridas y mochilas?

RESUMEN

✓ Creamos parejas y familias con bases muy poco sólidas, con heridas no resueltas, y eso provoca que muchas veces esas relaciones empiecen ya mermadas.

✓ Sería genial hacer terapia antes de tener hijos para conocernos mejor y atender nuestras heridas antes de acompañar a otro ser en el camino de la vida. De verdad, si aún no tienes hijos, te lo recomiendo y, si los tienes y nunca has hecho terapia, también.

✓ La mayoría de las veces no hemos tenido referentes en los que hayamos visto una búsqueda interior, un autoconocimiento, pero repetimos patrones de la generación anterior.

✓ Nos faltan herramientas e información sobre las etapas de la infancia. Con tanto desconocimiento, muchas veces no somos capaces de lidiar con el presente de una forma adulta y madura y, en vez de eso, aparece nuestro niño interior, abrumado por tanto con lo que no sabe lidiar.

✓ El patriarcado se ha cebado en todos, hombres y mujeres, y su huella se deja ver también en las relaciones de pareja y en la forma de acercarse a la parte emocional, propia y ajena, en el interés por los temas de crianza y educación, etc. Esto, muchas veces, crea una distancia entre los dos que cuesta superar.

✓ La sociedad en la que vivimos, donde todo va rápido y que busca la inmediatez, no ayuda a todo lo que requiere tiempo: el autoconocimiento, cultivar una buena relación de pareja, conectar con los niños… Una sociedad que no pone a las personas en el centro, y descuida a las familias, la infancia y los individuos de una forma tan dura, hace que muchas personas sientan que el ritmo de vida actual les drena la energía.

4

Conflictos en la crianza

Bruno estaba cañero. Juan y Dolo pensaban que era muy intenso, pero se lo comentaban a la maestra y ella les decía que era un amor de cuatro años y que, seguramente, en casa hacía lo mismo que la mayoría: intentar que todo saliera como él quería. Los dos procuraban tener paciencia, pero había momentos en que les costaba mucho y acababan haciendo lo que no querían. Por lo general, gritar, amenazar y castigar. Cuando se daban cuenta de que se les había ido la pinza, retrocedían, pero el mal ya estaba hecho, y entonces llegaba la culpa que a Dolo le duraba más que a Juan. Pero lo peor no era eso. Lo peor era lidiar con la inseguridad de algunas decisiones junto con el cansancio y el estrés cotidiano.

Aquella tarde, a Dolo le tocaba trabajar en el centro de yoga. A las cuatro y media, Juan fue a recoger a Bruno al cole y el pequeño ya salió cruzado. El motivo: «No me has traído el bocadillo que me dijo mamá». «Pero ¿qué te dijo mamá?», se preguntaba Juan, pues Dolo no le había dicho nada. En esos instantes era difícil mantener una conversación racional con Bruno. Lo mejor era dejar que llorase, sacase la frustración, y luego cambiarle de tema e intentar jugar con él.

Juan estaba agotado. Esos días lidiaba con un marrón gordo en el trabajo porque habían tenido un ataque a los servidores de la empresa que intentó encriptarlo todo. Como era uno de los doce informáticos de la compañía, había tenido que echarle más horas de las habituales y estaba muy cansado. De hecho, esa tarde sentía que se hubiera tenido que quedar con sus compañeros y no dejarles con el follón, pero no tenían a nadie que pudiera recoger a Bruno. Así que, en esos momentos, el agobio y el estrés que el dichoso ataque le habían provocado no le hacían ser la persona más tranquila del mundo.

Pasaron bastante rato en el parque. Allí tampoco se pudo relajar porque Bruno tuvo algún que otro conflicto con unos niños de su cole. Luego volvieron a casa, donde le quedaba baño y prepararle la cena antes de que llegara el refuerzo de Dolo. A todo lo que Juan proponía, Bruno respondía que no: no quería bañarse, ni ducharse, ni ayudarle a preparar la cena… solo hacer cosas que en esos momentos eran un «no»: salir a patinar a la plaza, preparar un pastel, pintar con acuarelas…

Juan no sabía por qué le había dicho que no a pintar con acuarelas, pero en ese instante le daba mucho palo imaginar que lo dejaría todo perdido y sentía que no podría con ello. Pero Bruno ya llevaba muchos «noes» encima, y que mamá no estuviera nunca lo tranquilizaba, así que la tensión flotaba en el ambiente. Era como si los dos caminaran sobre una cuerda floja de la que, en cualquier momento, podían caerse.

Discutieron por cada tontería de esa tarde tan poco fluida, y al final, después de una ducha rápida entre llantos y algún grito, Juan pensó que dejarle ver un rato los dibujos le ayudaría a terminar la cena. Dolo llegó al cabo de un cuarto de hora.

—¡Hola, cariño! ¿Qué haces viendo dibus? Bruno, te estoy hablando. Mamá ha llegado. ¿Puedes dejar de mirar la tele y darme un beso?

Bruno estaba empanado. Entre el cansancio y lo relajado que se había quedado con el agua, estaba muuuy lejos.

—Hola, Juan. ¿Por qué está mirando dibujos el niño si quedamos en que no vería la tele entre semana?

—Ay, Dolo, no me vengas con esas ahora, que ha sido una tarde infernal y no me dejaba preparar la cena.

—Pues te inventas algo, pero no tires de tele a la mínima, joder, que luego quedo yo como la chunga de las pantallas.

—Mira, Dolo, tú no estabas, y llevo desde las cuatro y media haciendo lo que he podido con un niño que parecía Chucky. Así que, por favor, acabas de llegar, relax.

—Pues no me parece bien que te saltes los límites pactados a la mínima, en serio. Tío, ¡deberías tener más herramientas!

—Dolo, por favor…

—Y ya verás cuando le digamos que hay que apagar la tele… ¡el pollo que vamos a tener!

Juan ya se arrepentía de haberle puesto los dibujos a Bruno y sabía que, en esto, Dolo tenía razón. Efectivamente. Cuando pasados los veinte minutos prometidos le dijeron que tenía que apagar la tele, Bruno montó en cólera. Los dos, como ya sabían lo que pasaría, respiraron hondo e intentaron llevarlo lo mejor posible, pero al cabo de un cuarto de hora de gritos ininterrumpidos —a Bruno se le mezclaban el hambre y un cansancio atroz—, Dolo no lo pudo evitar y dijo:

—No, si es que… ¿qué necesidad había de ponerle la tele, Juan, joder?

—Dolo, ¡ahora no!

—Es que, tío, si ya sabes qué pasa cuando no somos coherentes con los límites, y no hay manera… Eres un blando.

—Tú no estabas. Déjame hacer lo que pueda y para de meterte en todo.

—¿Cómo que meterme en todo? Es NUESTRO HIJO, no el tuyo, no el mío, el NUESTRO, ¿lo entiendes? Si acordamos algo, es para cumplirlo, no para que te lo pases por el forro cuando te venga bien.

Llegados a ese punto, Bruno ya no chillaba, pero seguía llorando, en ese instante de miedo al ver discutir a sus padres. Sentía que lo había provocado él, y aunque no comprendiera qué le ocurría ni qué estaba pasando, sentía un malestar dentro muchísimo más grande que el que tenía cuando apagaron la tele. Se abrazó a Dolo y dijo:

—No gritéis.

Juan y Dolo lo miraron y se dieron cuenta de que habían vuelto a discrepar en el tema de los límites, a dejar al descubierto sus desacuerdos delante del niño, y lo peor, a hablarse mal y con un tono despectivo cuando deberían haberse callado. Era más habitual de lo que les gustaría admitir. A veces lo que ocurría era que uno de los dos gestionaba algo con Bruno y el otro, incapaz de quedarse al margen de ese conflicto o de ese nuevo pollo, entraba a ayudar.

—Dolo, sal, ya me ocupo yo, que te estás poniendo nerviosa y así no se va a calmar.

—Si estoy yo con él, no vengas a decirme eso. ¿No ves que me estás dejando delante de él como si no supiera gestionarlo?

—Si solo quiero ayudar, no te ofendas.

—Pues no me ayudas, en serio. Déjame terminarlo.

Pero no solo era Dolo la que se tomaba esas incursiones como algo personal. Juan también detestaba cuando ella quería intervenir.

—Juan, se te está yendo la pinza. No puedes decirle que está castigado y que no irá al cumple de la abuela. ¿Te has vuelto loco? ¡Claro que irá al cumple de la abuela!

—No me digas cómo tengo que hacer las cosas con mi hijo, no lo soporto.

—Sí. Si veo que se te va la olla y empiezas a decir tonterías y actúas como si tú también tuvieras cuatro años, tengo que intervenir.

—Me estás desautorizando delante de él. ¿Te das cuenta de lo malo que es eso?

—Te estoy ayudando a que no hagas algo de lo que te arrepentirás.

—Ah, o sea, ¿tengo que darte las gracias?

—No hace falta, con que te retires y me dejes a mí es suficiente.

Era francamente agotador para Dolo, para Juan y también para Bruno, que miraba a sus padres y movía la cabeza como si estuviera viendo un partido de tenis. El orgullo de cada uno, las pocas herramientas con las que contaban para abordar los conflictos lógicos y normales de la crianza con un hijo de cuatro años y el desgaste de tanta *discusión los iban distanciando. Y claro, cuando discutían por A o por B, cuando sentían que el otro no confiaba en él o ella como madre o padre, o cuando el otro lo desautorizaba delante de Bruno, en cuanto se dormía... ¿qué ganas les quedaban de reencontrarse y hablar de lo ocurrido? «¿Para qué? —pensaban—, ¿para volver a discutir? No, gracias».*

Así que, si uno de los dos no se quedaba medio frito mientras dormía a Bruno, el que quedaba despierto lo preparaba todo para la mañana siguiente, miraba un rato el móvil y, con sensación de decepción y soledad compartida, terminaban los dos en la cama. Con suerte, se daban un beso más por compromiso que por amor, apagaban la luz e intentaban dormir.

Digo «intentaban» porque muchas veces no lo conseguían. Por ganas, se hubieran dado la vuelta y hubieran abrazado a su pareja diciéndole «Te echo de menos, por favor, dejemos de discutir, no lo soporto», pero por el miedo a que el otro dijera algo como «Ahora no, por favor, que no me aguanto» y frustrara un acercamiento que ya de por sí costaba la vida, se quedaba cada uno en su rincón, procurando no tocarse y deseando que el día siguiente fuera un poco mejor.

DIVERGIR EN LA CRIANZA

Cuando la mayoría empezamos a salir con nuestra pareja, no nos planteamos qué opiniones tiene cada uno sobre la crianza, la infancia o un montón de temas más. Hay quien piensa «Si nos llevamos tan bien ahora, será igual cuando tengamos un hijo», y hay veces que es así, pero en muchas otras ocasiones no porque, inevitablemente, tenemos opiniones distintas. Si en general, sobre muchos aspectos, es normal que los dos miembros de la pareja no piensen lo mismo, imagínate en un tema tan sensible y que nos remueve tanto como la crianza.

Luego se le suma que hay poca reflexión y diálogo al respecto, y es difícil sentar unas bases comunes porque parece que no es el momento. Muchas veces no se empieza a hablar de niños hasta que no se buscan, y luego va todo tan rápido y nos cuesta tanto imaginarnos lo que se nos despertará que pasamos por los temas delicados, si lo hacemos, de puntillas.

Porque, aunque sea normal que no opinemos lo mismo sobre todos los aspectos que afectan a la crianza y el acompañamiento de un hijo, lo ideal sería que tuviéramos una base común desde la que criar juntos. Pero no vivimos en un mundo ideal... ¿Cuánta gente se ha planteado cuáles son sus bases y si son comunes o no? ¿Cuánta gente se ha planteado cuáles son las líneas rojas que no quiere cruzar como familia y las ha consensuado para ir a una?

No es de extrañar. Antes de tener hijos, sentimos que todos estos temas nos quedan muy lejos, que ya los abordaremos si aparecen (y aparecerán, pero aún no lo sabemos). Después de tenerlos, nos cuesta tanto comunicarnos de forma asertiva y estamos tan removidos que vamos a salto de mata haciendo lo que podemos, y cuando se crea el momento para estar juntos sin interrupciones de los hijos, nos da una pereza enorme ponernos a hablar de bases comunes.

Los días pasan, pero estos temas cruciales no se abordan con el compromiso, la asertividad y la comunicación que requieren, y entonces sucede lo que les pasa a Juan, a Dolo y a tantas otras parejas: surgen los conflictos y dejan al descubierto las fisuras, las inseguridades, las diferencias de opiniones y la poca base compartida. Es una pena, porque podría hacerse mucho mejor sin demasiada dificultad. Pero claro, requiere tener ganas de abordar el conflicto, de negociar, y, por lo tanto, de ceder ambas partes y de entender que llegar a un punto en común es más importante que terminar ganando una disputa. Porque esto no es una batalla. Y, si lo fuera, aquí, si uno pierde, perdemos todos.

Por lo tanto, es normal que no opinéis lo mismo y que actuéis de distinta manera porque sois distintos, pero en los temas cruciales de la educación —como son, por ejemplo, qué límites pondréis, qué normas estableceréis en casa, cómo dormiréis, qué valores son importantes para vosotros como familia, etc.— molaría ir un poco a una. Porque, si no, esto pasa factura, y se discute muchísimo por cuestiones que, si se hablasen y acordasen, ahorrarían muchos disgustos.

El tema de las creencias es potente porque muchas veces no te das ni cuenta de las que tienes. Están tan arraigadas, son tan primarias e inconscientes, que hasta que no pasa algo y actúas según esa creencia que ni sabías que tenías, no la ves. Por ejemplo, la creencia de que los niños tienen que obedecer. No sabes hasta qué punto está arraigada, pero llega un día que tu hijo no hace lo que quieres y te remueve tanto que acabas haciendo algo que detestas, como sacudirlo o gritarle.

Por eso es tan difícil ponernos de acuerdo en temas de crianza: muchas veces lo que pensamos se basa en creencias familiares, sociales o culturales de las que ni siquiera somos conscientes. A medida que van creciendo los hijos, estas van quedando al descubierto, pero, para verlas, es necesario prestar mucha atención a cómo actuamos, es decir, qué nos dice la mente para actuar de una forma u otra.

Muchas parejas que me consultan tenían claro que criarían a su hijo desde el respeto y la conexión, dejando atrás el autoritarismo que quizá recibieron ellos, pero cuando su hijo está en el pico de la fase egocéntrica —que para muchos llega hacia los cuatro años—, las creencias empiezan a hacer aguas en uno de los dos: «Quizá lo que hemos hecho hasta ahora no ha funcionado, a lo mejor hemos sido demasiado blandos y se nos está subiendo a la chepa, puede que lo estemos malcriando y se nos esté yendo de las manos...». Toda la seguridad que tenían al principio se va desvaneciendo porque, en el fondo y muchas veces, las creencias inconscientes que tenían se basaban en que la relación entre padres e hijos es de poder, que se lidia una batalla en la que, si cedes, te toman el pelo. Por eso llega el miedo: cuando el hijo no actúa como quieren, esas creencias toman el timón, y la pareja, o uno de los miembros, cambia su forma de acompañar. Esto crea malestar en los dos, porque lo que habían dicho empieza a incumplirse, y en el niño, que no entiende nada.

Además, hay algo que nos remueve un montón. Si mi pareja no valida mi forma de actuar o la ve de otra manera, siento que cuestiona mi valía, y no solo eso, sino que mi ego se retuerce al estilo: «Con lo que quiero a este niño, ¿qué me está diciendo, que no lo hago bien? ¿Que yo no lo quiero tanto?», y repatea muchísimo pensar que, de alguna forma, se cuestiona el amor por nuestro hijo. Nadie cuestiona el amor, por supuesto, pero sentir que tu pareja no considera que lo hagas bien remueve muchísimo, y a veces se vive como un ataque. Y a menudo ahí empieza una especie de batalla para a ver quién hace qué y cómo. En el fondo, hay falta de base y muuucha inseguridad.

La inseguridad es muy mala compañera para todo, pero para criar es fatal. El niño lo nota y reacciona a ella porque también le hace sentir inseguro. Luego, casi inevitablemente, empieza el drama por excelencia en muchas casas: el «Es que tú...».

«Es que tú...». Cómo comunicarnos

En muchísimas sesiones con parejas, cuando he planteado una pregunta como, por ejemplo, «¿En qué temas sentís que tenéis más dificultades como pareja?», empiezan exponiendo el problema bastante bien hasta que ¡bum!, llega el «Es que tú...». Por ejemplo:

—Para mí, el tema en el que más diferimos es en los límites, porque... es que tú, Manuel, enseguida cedes, y yo quedo como el poli malo.

—Pero ¿qué poli malo? ¡Es que tú te metes todo el rato! Incluso cuando soy yo el que está gestionando algo con nuestro hijo, me sueltas que no lo hago bien o que no debería decirle tal cosa... ¡Me desautorizas!

Tremendo el «Es que tú...», de verdad: es fuente de tanto conflicto y lo tenemos tan integrado que, aunque les diga en la sesión que procuren no usar estas palabras ni atacarse, sino expresarse desde lo que sienten y no desde lo que hace el otro, caen en el «Es que tú...» una y otra vez. Luego se ríen, porque ven lo fácil que es caer en la culpabilización del otro, y a veces sin darse cuenta.

No tenemos ni idea de comunicación asertiva, quizá podamos aprender a relacionarnos mejor, pero por mucho que nos expliquen cómo mejorar nuestra manera de expresarnos, si no somos conscientes del motivo por el que caemos en el «Es que tú...» y todo lo que esconden estas palabras, por dentro pensaremos «Es que tú...». ¿Por qué lo usamos tanto si parece la forma de comunicarse de un niño de cuatro años? Pues porque más allá de que no sabemos comunicarnos desde nuestro sentir y nuestras necesidades, nos da mucha rabia que la otra persona no vea las cosas como nosotros. En concreto, nos da rabia que la pareja no se dé cuenta de todo lo que hacemos, de nuestro dolor, de lo mucho que nos esforzamos, de lo mucho que nos implicamos y trabajamos, etc.

Lo que ocurre es que, en el día a día, van pasando cosas que no podemos comentar por falta de tiempo, porque no nos vemos o porque nos vemos, pero están los niños delante. Luego, quizá cuando podríamos hablar de lo ocurrido, no nos apetece o estamos demasiado cansados para abrir la caja de Pandora a esas horas. Total, que así, un día tras otro, los pequeños fastidios se van acumulando y se van haciendo bola. Y cuando ya no podemos más los comunicamos, pero desde el «Es que tú...», es decir, atacando, yendo a la yugular, y esa es la peor manera de manejar los conflictos de la convivencia en pareja y más cuando se tienen hijos.

¿Qué sería lo ideal? Aprender a comunicarnos desde lo que

sentimos y necesitamos, no diciéndolo a toro pasado, cuando el otro no puede hacer nada al respecto y estamos cabreados porque hace no sé cuánto que no se respeta lo que necesitamos ni lo que sentimos, o que no se nos acompaña en nuestro dolor. No. Se trata de ir comunicando cómo nos sentimos, cómo estamos y qué necesitamos a medida que ocurren cosas, y, al mismo tiempo, preguntando a nuestra pareja cómo se siente, cómo está y qué necesita. Y, por supuesto, hacerlo los dos.

Es poner en el centro los cuidados. Para cuidarme y que me cuides, primero tengo que saber qué me ocurre, cómo me siento y qué necesito. Para que puedas cuidarte y decirme lo que quieres de mí, tienes que saber qué te ocurre, cómo te sientes y qué necesitas. Por tanto, la comunicación asertiva en la pareja y con cualquier persona pasa primero por la escucha interior y, desde esta conexión conmigo, te comunico cómo estoy, cómo me siento y qué necesito.

No lo hago desde la niña que todos llevamos dentro y que a ratos le gustaría patalear y gritar «¡Mírame y atiéndeme!», sino desde la adulta que soy, haciéndome responsable también de cuidarme, de atenderme, de escucharme y de pedirte lo que, desde un lugar adulto y consciente, siento que es justo pedirte.

Un día, en una sesión, vi muy claro que algunas personas se quejaban de que su pareja no les daba lo que necesitaban. Cuando pregunté qué era eso, se hizo el silencio: era tan grande, tan vasto y tan profundo que no tenía que ver con su pareja. Hicimos un trabajo corporal y, poco a poco y a base de mucha relajación y conexión interior, al fin, cuando pregunté de nuevo qué necesitaban, algunas se dieron cuenta y lo manifestaron: el vacío que sentían era hacia mamá y papá, no hacia su pareja. Es decir, su pareja nunca podría llenar ese vacío porque era imposible y no tenía nada que ver con el presente ni con ella. Ese vacío partía de la infancia y tenía que llenarse desde otro lugar, desde ellos mismos, aprendiendo a maternarse, escucharse y atender esa herida que aún no estaba sanada.

¡Qué importante darnos cuenta de lo que esconde muchas veces el «Es que tú…»!, esa falta de mirada, esa falta de atención que a menudo no nos damos, pero le reclamamos a nuestra pareja. Ya sabes, es más fácil echar balones fuera que responsabilizarnos de lo nuestro.

Resumiendo: comunícate siempre desde cómo te sientes, elimina el «Es que tú…» de tu vocabulario y aprende a averiguar qué pides a los demás que quizá no eres capaz de darte tú. Empieza por ti y luego lo verás todo más claro… Voy a ponerte algunos ejemplos:

- En vez de «Es que tú siempre llegas tarde…», di: «Se me hace muy larga la espera hasta que llegas a casa. Te echo de menos y me siento supercansada lidiando con cenas y demás sola».

- En vez de «Es que tú no te encargas de los niños», di: «A veces me siento sola criando porque tengo la sensación de que mucha de la carga recae en mí. Eso me hace sentir muy agotada y alejada de ti, y no quiero».

- En vez de «Es que tú nunca lees nada de lo que te recomiendo», di: «Me interesa mucho aprender sobre crianza y educación, y me parece que en este tema no vamos a una. Esto me hace sentir sola. Me gustaría compartir más de todo esto, porque siento que es importante para nuestro hijo y para nosotros como familia. ¿Cómo crees que podríamos hacerlo?».

- En vez de «Es que tú nunca tienes ganas de hacer el amor», di: «Tengo la sensación de que, a menudo, soy yo quien busca tener algo de intimidad contigo, pero no noto el mismo interés por tu parte. Eso me hace sentir rechazada y triste. Me ayudaría mucho saber cómo te sientes y qué necesitas».

Fíjate en que en cada nueva propuesta he eliminado los términos «nunca», «siempre» y «nada»... Son palabras muy poderosas, demasiado excluyentes y absolutas. No dejan espacio a los grises, así que es mejor evitarlas porque, en sí mismas, cuando las metemos en frases como las anteriores, de alguna forma, atacan. Intenta evitarlas también cuando te comuniques con tus hijos.

¿Sabes qué pasa, también, a veces? Que aparece aquello de «No se lo he dicho porque ya debería saberlo»: qué quiero, qué tiene que hacer, cómo hemos quedado, qué necesito y un largo etcétera. Por mucho que creamos que lo hemos dicho mil veces y que nuestra pareja debería conocernos lo suficiente para saberlo, muchas veces lo de no comunicar algo porque creemos que es evidente no funciona. Si quieres que algo se sepa, que se tenga en cuenta, comunícalo, y si luego, aun comunicando clara y asertivamente lo que dices, lo que necesitas, lo que pides, lo que sientes, etc., no se tiene en cuenta, ya tomarás las decisiones que debas tomar. Pero lo de «No se lo digo porque ya debería saberlo» te aseguro que lleva a más frustración y desencuentros que si nos comunicamos de forma asertiva.

Rebajar el conflicto

A veces no sabremos ni cómo y nos veremos inmersos en una discusión que quizá vaya subiendo de tono. Tenemos que aprender a rebajar el conflicto y, para ello, deberemos poner el gran angular y vernos ahí, en medio de un buen marrón. Si lo observamos desde fuera, nos daremos cuenta de que se nos está yendo de madre.

Podremos conseguirlo si uno de los dos para un momento y dice algo como «Ey, no olvidemos que estamos en el mismo barco». Será un toque de atención que nos permitirá encauzar la situación dentro de unos márgenes que nos cuiden y respeten. Otra opción es pedir disculpas de corazón para reparar cómo se está sintiendo el otro. Sería genial que fuera recíproco, no que siempre tenga que hacerlo la misma persona. Es decir, es importante que los dos veamos el dolor del otro y nos disculpemos de verdad.

Dicho esto: está bien que nuestros hijos se den cuenta de que tenemos distintas opiniones, que vemos algunas situaciones de diferente manera y que incluso hacemos cosas de otra forma. Esto les ayudará a manifestar sus ideas, aunque no sean las de los demás, pero recordemos nuestra función educadora y nuestra responsabilidad: no podemos tratarnos mal, gritarnos y montar auténticas escenas de drama emocional delante de los niños, pues eso tiene consecuencias emocionales en ellos tanto a corto como a medio y largo plazo. Cuidemos nuestras discusiones y cómo manifestamos el conflicto y, si se empieza a salir de madre, contribuyamos a la desescalada. Por nuestro bien y por el de nuestros hijos. Cuidémonos.

RESPONSABILIDAD EMOCIONAL

La mayoría de los conflictos que terminan en un «Es que tú...» no están relacionados con el que acaba de estallar —respecto a la crianza, la sexualidad, las tareas del hogar, etc.—, sino, en realidad, con una desconexión emocional. Sentimos que la otra persona no está ahí, conectada emocionalmente con nosotros. Es decir, pensamos que no conecta con nuestros sentimientos, con lo que nos ocurre, que no se da cuenta de lo que necesitamos. De repente, nos sentimos invalidados y solos. Esto activa el sistema nervioso, haciéndonos reaccionar de forma emocional y, por consiguiente, atacar al otro.

En este tipo de discusiones se genera la sensación de que el otro es el enemigo, aunque en realidad no lo sea. Estáis en el mismo barco y debéis acabar entendiéndoos, navegando de la mano. Pero cuando la percepción es que tienes a un enemigo delante del que tienes que defenderte y al que tienes que atacar, por muchas herramientas de comunicación asertiva que tengas, estoy convencida de que no las usarás, porque estáis en guerra. Así que toca revisar qué percepción tenemos cuando estamos en un conflicto con la pareja. ¿Asoma la sensación de ser enemigos, de estar en una batalla donde tiene que haber un ganador y un perdedor?

Lo que verdaderamente necesitamos es que el otro se muestre accesible, responsable emocionalmente y comprometido a crear con nosotros una relación donde haya seguridad y capacidad de respuesta emocional, además de que se acoja la vulnerabilidad. Todo ello nos hace sentir conectados a la otra persona y, desde ahí, los conflictos pueden abordarse con herramientas de comunicación asertiva. De otra forma, no nos servirán, porque el dolor es tan grande cuando nos sentimos solos o enemigos que nuestro sistema nervioso no nos permite usar las herramientas que sabemos que nos pueden servir.

Así que, si caéis a menudo en este tipo de discusiones donde los ataques y las defensas están a tope, en una especie de batalla entre dos enemigos, comprobad si os mostráis accesibles, comprometidos y responsables a nivel emocional, y sois capaces de abrazar la vulnerabilidad, o si todo eso es desconocido para vosotros y tenéis que empezar a explorar estos temas.

Tareas del hogar y carga mental

¿Abrimos el melón? ¡Dale! ¿Cuántas parejas no han discutido una y mil veces por las tareas del hogar y las relacionadas con los hijos? Me refiero a temas que pueden parecer banales, pero no lo son: son tareas que debemos hacer tropecientas veces a lo largo de los días, las semanas, los meses, los años… Si no vamos a una y no están muy hablados y consensuados, acaban pasando factura. Para unas parejas será en forma de discusión continua, pero para otras no, porque una de las partes —por lo general, la que más curra— no dirá nada, pero eso irá minando, casi sin dudarlo, su relación. Cuando no sentimos que los dos miembros nos responsabilizamos por igual del hogar, de los hijos…, aparece el peso de la desigualdad y la injusticia, que suele provocar, más tarde o más temprano, rabia, y es muy probable que termine en el ya conocido «Es que tú…» desde el ataque y la discusión.

Como hemos visto, el patriarcado sigue dejando huella en muchas familias. Algunos de los hombres que ahora son padres han crecido en casas donde eran sus hermanas las que hacían las tareas que se les ordenaban, no ellos. En otras, por suerte, no, pero todavía quedan muchas familias en las que esto es así. Consciente o inconscientemente, el machismo sigue vivo en la sociedad y en muchas casas, y está bien que nos revisemos y veamos si queda algo de eso en la nuestra.

Como muchas veces los consideramos temas banales, se hablan poco, y luego, cuando hay tensión en la pareja y tiras del hilo, acaba saliendo el «Es que yo hago más que tú en casa». Uno de los problemas es que, a lo largo de la historia, tanto a nivel social como cultural y familiar, se ha considerado que el trabajo de valor era el que se hacía FUERA de casa, no dentro. Por eso, el que comporta atender un hogar, que históricamente ha ido a cargo de la mujer, se consideraba inferior o inexistente.

Los tiempos están cambiando, pero eso aún sigue presente de algún modo. Lo veo a diario: muchas mujeres se reducen la jornada laboral para estar más en casa con los niños y ocuparse de todo lo que conlleva, pero el trabajo que más se tiene en cuenta y más se valora es el que ejerce el hombre fuera del hogar. Por supuesto, esto también está ligado a la economía: el trabajo que implica una mayor entrada de dinero es el importante. Aquí hay un montón de creencias que deberíamos revisar y analizar, pero el objetivo de este libro no es este, sino mostrar que las tareas del hogar y el cuidado de los hijos siguen provocando resquemor y tensión en muchas parejas.

En mi caso, cuando quisimos tener hijos, hicimos un pacto: yo quería dejar de trabajar fuera de casa y dedicarme al cuidado de mi primera hija. Para mí era importante estar muy presente en esta etapa, así que pedí una excedencia de dos años en mi antiguo trabajo. Durante ese tiempo no entró dinero por mi parte, y aunque habíamos ahorrado, estaba superconsensuado y los dos valorábamos positivamente la decisión, pasaban los meses y empecé a sentirme mal. Como no ganaba dinero, sentía que la tarea de cuidar de nuestra hija y del hogar era menos que su trabajo. Necesité hablarlo mucho con él, con mi madre y con mis amigas para verlo de otro modo. Sentía que cuidar de ella, ocuparme de todas las comidas, ir a comprar, limpiar y un sinfín de tareas más era poco.

Curioso, porque en el fondo sabía que era mucho, que era importante y que tenía valor. Sin embargo, había algo —mis creencias más inconscientes y arraigadas— que restaba valor a mi presente. Tuve que hacer una buena revisión de mis creencias, de la influencia del patriarcado en mí… Al cabo de los dos años volví a trabajar con reducción de jornada. Pero todo se me hacía un mundo: la casa, cuidar de nuestra hija y trabajar fuera. Tenía la cabeza a mil todo el rato, así que nos sentamos a hablar en profundidad de los cambios que debíamos implementar para que no hubiera desigualdad y reducir el nivel de estrés. Fue todo un curro de pareja y de reajustes en casa que nos dio paz. Muchas cosas parecían ridículas: quién se encargaba de la ropa, quién de poner el lavaplatos, etc. Una vez que estuvo todo claro y repartido, nos quedamos tranquilos los dos.

Las necesidades fueron cambiando a medida que lo hacían las circunstancias. Tuvimos que ir ajustando quién hacía qué, cómo nos organizábamos, quién se responsabilizaba de cada cosa, etc. Al principio me costó abordar el tema, pero estoy convencida de que es imprescindible, aunque parezca ridículo o poco profundo, para llevar una relación de pareja con el mínimo de roces por chorradas como «¿Por qué siempre tengo que pedir yo cita al pediatra?» o «¿No tenías que sacar la basura?». Estos conflictos se suman a la removida que todos llevamos dentro en el inicio de la maternidad y paternidad, así que, cuantos menos añadamos, mejor.

Quiero poner especial énfasis en el tema del dinero y la relación que la pareja mantiene con él porque, a veces, es fuente de conflictos. Nuestras creencias acaban afectando, aunque sea de forma inconsciente, al pensar, por ejemplo, que quien trae el dinero a casa tiene más derecho a descansar, a decidir, etc. Sobre este asunto se podría escribir un libro entero (de hecho, hay muchísimos) porque es un temazo: cuentas juntas o separadas, quién tiene qué, cómo gestionar los gastos familiares y los propios… En cualquier caso, es importante que hablemos de ello y que los dos estemos de acuerdo con lo que se decida sobre cómo gestionarlo en la familia. Si no, tarde o temprano, el malestar con relación al dinero acabará saliendo a la luz.

Cuando existe la idea de que el trabajo fuera de casa es más importante que el que se lleva a cabo dentro, suele suceder que quien trabaja más fuera siente que tiene más derecho a descansar, a tener tiempo personal o a hacer actividades para relajarse. Recuerdo a una pareja en la que ella se ocupaba de la casa y de los tres niños que tenían prácticamente sola, pero cuando él llegaba decía que estaba muy cansado y que, por favor, no lo agobiaran. Ella no se atrevía a decirle que no podía más, que se ocupara un rato de los niños, así que tragaba. Él se iba a descansar o se cambiaba y salía a jugar al pádel con los amigos porque decía que necesitaba hacer deporte y desestresarse. Su mujer también lo necesitaba, pero ni él ni ella veían o querían dar importancia a esa necesidad. Esto, claro está, terminaba quemando a la mujer, que al final estalló y casi manda la relación al garete. Había un problema de creencias, pero también de nula comunicación de necesidades y desigualdad. A medida que fuimos trabajándolo, con voluntad y esfuerzo por parte de ambos, pudimos ir encajando las piezas para mejorar la convivencia, una más equilibrada, armónica y consciente de las necesidades de todos los miembros de la familia.

Luego está lo más invisible a los ojos a nivel de tareas, que es pensar en ellas: la carga mental. Aquí entran muchos aspectos que quizá no se vean, pero que son básicos para el buen funcionamiento de un hogar, como organizar horarios, determinar quién cuida de los hijos cuando están enfermos, elegir qué se cocina y qué hay que comprar, pedir las citas médicas, renovar zapatos y ropa, y un etcétera tan largo que nos faltarían páginas en este libro. La carga mental es invisible, pero pesa como tres toneladas y se convierte en una losa cuando no se hace consciente ni se habla de ella. Porque si se te da mejor organizar y decides que lo haces porque te encanta y todos estáis de acuerdo, genial, pero si es porque sientes que en caso contrario tu pareja no lo hará y quedarán temas pendientes, y encima te repatea sentir el peso de esa responsabilidad de la que tu pareja no se corresponsabiliza, esto terminará siendo un marrón de los buenos.

Aquí la clave está en dos letras: C y O. COrresponsabilidad. Es hacer visible lo invisible, hablar de ello, darle valor, reconocer el desgaste de pensar en todas esas cosas y hacerlas, repartir, organizar, acompañarnos como pareja que somos también en esto, y hablar, hablar muchísimo de ello para que ninguno sienta que el otro se está aprovechando de que tiren del carro por él. Es fundamental que nos veamos como un equipo que trabaja codo con codo para que en casa todo funcione lo más equilibrado, justo y armónico posible.

Te recomiendo que hagáis lo que os propongo al final de este capítulo por lo que se refiere a las tareas del hogar, los cuidados y la carga mental si no queréis discutir o sentir resquemor por cuestiones no habladas. Aunque parezca que no son importantes, créeme, lo son más de lo que parece.

INTERVENIR Y DESAUTORIZAR

En el ranquin de los problemas y las disputas en la relación, el tema de cómo abordamos los conflictos con los hijos estaría en la parte alta de la lista. Nos remueve muchísimo cuando, en pleno momento de tensión, nuestra pareja nos dice que no hagamos eso así o que intervenga sin que se lo pidamos. Como ya he dicho antes, somos distintos y, como tales, tenemos maneras diferentes de hacer las cosas y de abordar los problemas con los hijos. Cuando estas formas chocan, el problemón está servido.

Me acuerdo de una pareja que acudió a mí porque discutía muchísimo sobre qué hacer cuando su hijo de tres años tenía una rabieta. Digamos que el niño estallaba y ellos acababan estallando también, pero entre ellos, porque no se ponían de acuerdo sobre qué hacer en ese caso. Cabe decir que, por lo que se refiere a las bases de la crianza, tampoco había acuerdo: ella creía que tenían que comprender al niño y dirigirse a él con amor, y él pensaba que les estaba tomando el pelo y que debía comprender que ese comportamiento (gritar, pegar…) tenía que cesar. «Es que tú no entiendes que es pequeño y esperas cosas de él que no te puede dar», le decía ella; a lo que él respondía: «Es que tú no entiendes que eres superlaxa con los límites y se te sube a la chepa». Lo malo es que se lo decían delante del niño, que terminaba llorando aún más sin entender nada, volviendo la cabeza a uno y otro lado como si estuviera viendo un partido de tenis. Vamos, un poco como lo que les ha ocurrido a Juan y Dolo en este capítulo.

Al preguntarles cómo se sentían cuando sucedía eso, ella dijo que no podía soportar ver que su pareja reñía o no comprendía al peque en esos momentos de vulnerabilidad y que sentía que tenía que intervenir y protegerlo. Ver cómo actuaba su marido le recordaba a cómo sus padres la trataban a ella, y lo pasaba francamente mal porque lo último que quería era que su hijo se sintiese como ella de pequeña. Él respondió que, cuando ella intervenía, él sentía que lo desautorizaba y que le estaba diciendo delante del niño «Aparta, que tú no sabes», como si fuera un inútil que no supiera ser un buen padre. A él, cuando ella lo hacía, le daba mucha rabia porque toda su infancia se había sentido un estorbo y que en casa tenían más en cuenta las opiniones de su hermano mayor que las suyas. Por eso, cuando ella intervenía, él se sentía superpequeño y desvalorizado.

Aunque mientras lo contaban eran capaces de comprenderse y sentir empatía, en cuanto se producía otro momento de tensión con el niño que se enfadaba o lloraba porque no quería irse a la cama, se repetía lo mismo una y otra vez.

¿Te resuena? Lo primero es entender a ambas partes. Luego, darnos cuenta de que cuando tú no eres el que está gestionando el conflicto, puedes marcar una cierta distancia que te ofrece una visión más consciente de lo que está pasando. Ves con más perspectiva y claridad qué requiere el momento y cómo es mejor actuar. Además, el que está gestionando la situación a veces empieza a hacerlo muy desconectado de sus necesidades y de las del niño y a menudo solo siente la incomodidad del momento en forma de «No quiero que esté pasando esto». Si nos ponemos de culo a la realidad que estamos viviendo o no estamos del todo conectados al presente, casi seguro que no terminaremos de acompañar a nuestros hijos como ellos necesitan, porque desconectamos también de ellos.

Gestionamos las situaciones desde nuestras mochilas, nuestros patrones, nuestras creencias y nuestros miedos, y a menudo todo eso sale en los momentos más delicados. ¿Cuándo aparecerá el patrón que más odiamos de nosotros? ¿Cuándo surgirán nuestras heridas de la infancia? Justo en ese instante. Aunque lo detestemos y no queramos que ocurra, créeme que, si estamos cansados, estresados o cero conectados con el aquí y ahora, ¡bum!, saldrá como un tsunami.

Además, aunque nos amemos un montón, que esto no se pone en duda, lo que dice o hace nuestra pareja nos remueve porque nos hace de espejo. En ocasiones proyectamos en él o ella a nuestro padre o madre cuando teníamos la edad de nuestro hijo, y todo esto pasa en décimas de segundo, de forma inconsciente y en pleno marrón. Por eso a veces hacemos lo que sabemos que no está bien, como aparecer y decir cosas delante del niño que desautorizan a nuestra pareja. Y eso sucede porque no podemos sostener nuestra propia agitación... Nos sale de las tripas salir y hacerlo desde el cómo creemos que debería hacerse. En esos momentos, actuamos inconscientemente activados por nuestras heridas.

Luego está el carácter de cada uno: unas personas saltarán más rápido y de forma más visceral y otras, aunque se mueran de ganas, no lo harán en ese instante. Pero cuando algo nos remueve las entrañas, solemos saltar y decir lo primero que se nos pasa por la cabeza. Esto crea mucho malestar en las parejas, por eso te voy a contar qué podéis hacer, además de revisar todos los puntos de los «Te propongo…» de este libro, para tener una idea clara de cuándo y cómo intervenir, cuándo no hacerlo nunca y por qué.

Cuándo sí intervenir y cómo

Los adultos tenemos una responsabilidad para con la infancia: respetarla, atenderla y protegerla. Por este motivo debemos intervenir en los casos en que eso se ponga en cuestión. Si tu pareja está faltando al respeto a tu hijo —insultándolo, gritándole, pegándole, etc.—, debes intervenir. Y lo harás no solo para proteger al niño, sino también para ayudar a la persona adulta que, en ese momento, necesita un respiro. Cuidas del niño y del adulto, e intervienes para coger las riendas de una situación que está fuera de madre.

Hablando en plata: si notas que a tu pareja se le está yendo la pinza y que está haciendo todas esas cosas que dijisteis que no haríais y que sabes que odiará cuando se tranquilice, intervén, invítala a que se aparte de la situación y coge tú las riendas.

¿Cómo? Con decisión y empatía, de una forma respetuosa y firme a la vez. Esto funciona si antes habéis acordado que vais a intervenir en estos casos y ambos estáis de acuerdo. Podéis incluso tener una palabra clave o una frase que os ayude a conectar con el pacto. Por ejemplo, quizá hayáis acordado que, si uno de los dos dice «Somos equipo», significa que la persona que está perdiendo los papeles tiene que retirarse y que la otra seguirá con la gestión del problema.

Si lo habéis hablado antes, esa frase os conectará con «Somos un equipo y nos ayudamos cuando lo necesitamos», «Protegemos a nuestros hijos y a nosotros mismos de cruzar líneas rojas en casa» o «Intervenimos porque nos queremos y nos ayudamos».

Desde aquí no os sentiréis ofendidos, al contrario, es probable que agradezcáis que la otra persona haya puesto la perspectiva que os falta en ese momento y os ayude a dar un paso atrás para calmaros y no hacer nada de lo que os arrepintáis después.

Si no tenéis ninguna frase «muleta» para esas situaciones, puedes tocar amablemente a tu pareja en el brazo y decirle algo como «Cariño, yo me ocupo». No es necesario mucho más. Imagínate un partido de fútbol: el entrenador tiene la perspectiva general y, cuando ve que un jugador no está bien (porque le duele algo o porque está demasiado reactivo, por ejemplo), lo saca del campo y sale un relevo para el bien del equipo y del jugador. Imagínatelo así: es por tu bien, es por su bien.

Cuándo no intervenir y por qué

Pero hay momentos en los que nadie está cruzando una línea roja y, aun así, la pareja quiere opinar, contradecir, ordenar, etc. Me refiero a cuando uno de los dos está haciendo algo con los hijos a su manera, sin que sea nada fuera de lugar, y viene la otra parte a decir: «Mejor hazlo así», «Así no» o «No digas eso». Estas intervenciones debemos eliminarlas, es decir, no intervenimos si no es estrictamente necesario. Si ves que tu pareja está haciendo algo que tú harías distinto, pero no está cruzando una línea roja, no es necesario que entres a dar tu opinión, a corregir o a desautorizar a tu pareja. Primero, el momento no lo requiere; segundo, cada cual tiene derecho a hacer o decir las cosas a su manera; y, por último, eso denota una necesidad de controlar al otro que también os pasará factura a nivel de pareja.

No puedes controlar al otro ni debes hacerlo. Acepta que cambiará pañales a su manera, que conectará con vuestros hijos de otro modo distinto al tuyo, que jugará de otra forma, que les llamará la atención con otras palabras, que seguramente todo lo hará con su toque y que, si eso no choca con las líneas rojas acordadas, no es necesario que entres a poner la puntilla. Eso es desagradable para tu pareja y da a vuestros hijos una imagen de exigencia y búsqueda de perfección que muchas veces se acaba convirtiendo en una losa. Suele ocurrir que quien es muy exigente con la pareja también lo es con los hijos y consigo mismo, y esto acaba impregnando el hogar de una sensación de que nada ni nadie es suficiente y de que hay que buscar una supuesta perfección que no existe.

Observa qué resuena en ti de todo lo que te he contado en este apartado y qué tenéis o tienes que revisar. Establecer unas bases claras de cuándo intervenimos y cuándo no trae mucha paz a la familia. Observa qué te remueve de estas situaciones y tira del hilo. Luego, procurad ponerlo en común.

SER RIVALES O EQUIPO

Estamos juntos, somos una pareja criando y compartiendo esto llamado «vida», así que molaría mucho que, además, fuéramos un equipo. De novios, a veces lo sentíamos así: íbamos a una, remábamos juntos hacia el mismo punto. Pero luego, con la llegada de los hijos y el despertar de viejas heridas, en ocasiones aparecen las rivalidades. La relación se convierte en una especie de carrera que parte de la comparativa de ver quién lo hace mejor, quién tiene la mejor relación con los hijos, quién hace más o menos en casa, quién aporta más dinero, etc. Llegados a este punto, la pareja ya no siente que forme parte del mismo equipo, sino que son rivales luchando por algo que nadie sabe lo que es.

A veces va a épocas: en unas nos sentimos más equipo y en otras menos, y esto suele ocurrir por circunstancias externas —situaciones que no controlamos y nos desconectan un poco: enfermedades de los padres, estrés en el trabajo, etc.— o porque la edad de los hijos nos remueve a los dos o a una de las partes y eso crea más conflictos y más desavenencias entre la pareja.

Ser equipo son palabras mayores: implica tenernos en cuenta a nosotros y a nuestra pareja, atendernos, escucharnos, comunicarnos mucho para sentirnos en sintonía y remar en la misma dirección. Para hacer todo eso es necesario que hayamos establecido una base común, que tengamos claras las líneas rojas de la relación y de la vida de familia, que compartamos una serie de valores sobre los que asentar la vida juntos y que nos respetemos, amemos y admiremos.

Cuando formas parte de un equipo deportivo, animas, arrimas el hombro y luchas para conseguir unos objetivos, y aunque a veces pierdas (porque en ocasiones se pierde), aparece el apoyo mutuo de los miembros del equipo y juntos, os levantáis y afrontáis el próximo partido, ¿verdad? Pues más o menos es lo que deberíamos reproducir en las parejas-equipo: apoyo, trabajo juntos, foco claro al que dirigirnos, base común y esfuerzo compartido.

El problema es que muchas personas han normalizado las relaciones de pareja que no funcionaban con mentalidad de equipo: vieron a sus padres que quizá iban a deshora o que eran de equipos rivales, y cuesta mucho reproducir algo que no has integrado que también puede existir. En estos casos, es importante darnos cuenta de cómo nos estamos relacionando en la pareja: si funcionamos como un equipo, si nos apoyamos, si hay equilibrio, si hay una base común, si compartimos foco y dirección... Si no es así, y queremos conseguirlo, tendremos que hacer un alto en el camino para preguntarnos qué se nos remueve, por qué nos relacionamos como si fuéramos de equipos rivales, qué nos impide estar unidos y por qué, qué referentes tenemos de otras parejas que hemos visto y normalizado, etc.

En muchísimas empresas, cada año se hace un retiro o un alto en el camino para ver qué ha funcionado y qué no, dónde están y dónde quieren llegar, qué hay que cambiar, etc. Estos *team buildings* para construir equipo sirven para reflexionar, poner en valor y reforzar los equipos, para que, a la vuelta, esa empresa funcione mejor y obtenga mejores resultados. Esto que dentro del mundo de la empresa tenemos tan normalizado que existe y funciona para estrechar lazos y marcar una dirección clara al rumbo, no lo solemos hacer a nivel de pareja. No vemos esta relación de dos como un equipo que, de vez en cuando, tenga que parar, revisarse y volver a fijar un rumbo consensuado y claro.

Cuando imparto el retiro «Reconectando con la pareja», les digo a los asistentes que mi máxima aspiración es que ese fin de semana represente un punto de inflexión en su camino que les haga subir unos escalones más en su relación de pareja. Les ofrezco más conciencia, más herramientas y más información que les ayude a conectar con ellos mismos y con su pareja, y así puedan vivir esa relación de una forma más plena.

Pues eso: ¿qué tal si os proponéis hacer un alto en el camino y establecer las bases del equipo que queréis ser? Parar, respirar, revisaros, escucharos, hablar (mucho), sentir y crear vuestro particular *team building*. Construir el equipo que queréis ser. Merece la pena, creo yo.

TE PROPONGO…

Observa cómo te comunicas: Para cambiar algo, es imprescindible que seamos conscientes de qué queremos cambiar y por qué. Por eso, para comunicarnos distinto, tenemos que identificar qué no hacemos del todo bien. Estos próximos días te propongo que observes cómo te comunicas con tu pareja, qué tono de voz utilizas, qué palabras usas… Observa si atacas y te defiendes o si conectas con tu sentir y te comunicas sin engancharte a tu emoción… A la vez, te invito a que vayas a lo concreto: elige una de las últimas situaciones o conversaciones en las que creas que no te has comunicado bien. Una vez las identifiques, intenta comunicar lo que querías decir de forma asertiva. ¿Puedes hacerlo o te cuesta no caer en el viejo patrón del ataque?

Te animo también a que detectes los «Es que tú...», los «nunca» y los «siempre» que metes en las frases cuando te comunicas e intentes eliminarlos y cambiarlos por formas más amables.

Tareas del hogar y cuidados: Es necesario abrir este melón, así que te propongo que acordéis un día y una hora para reuniros y hablar de qué tareas y cuidados requiere vuestra casa. A continuación, ponedlas en una lista y ved qué puede hacer cada uno. Elegid las que más os gusten y repartíos las que menos (si coinciden). Mirad de equilibrar también, en la medida de lo posible, lo que tiene que ver con los cuidados, de manera que nadie sienta que pringa más que el otro, o que la situación es injusta. Habladlo no desde el ataque o el «Es que tú...», sino teniendo presente que lo hacéis para funcionar mejor y sentiros bien como pareja y como familia.

Carga mental: Te propongo que analicéis qué nivel de carga mental tiene cada uno y que lo pongáis en común. Luego, comprobad si uno lleva más peso que el otro y, en ese caso, si le parece bien o lo vive como algo desequilibrado o injusto. Si es así, intentad repartiros las tareas invisibles que hay que hacer en la familia con el objetivo de descargar al que lleva más peso, y aportar fluidez y bienestar a vuestra relación de pareja.

Situaciones tensas... ¿Intervenimos?: Te propongo que observéis qué ocurre en situaciones tensas con vuestros hijos y si hay alguna dinámica de intervención durante el conflicto que os genere malestar a ambos o a uno de los dos. Si es así, analizad por qué intervenís y si tenéis claras las líneas rojas de vuestra familia y de vuestra crianza. Hecho esto, estableced cómo queréis hacerlo a partir de ahora y buscad una palabra clave o una frase que os ayude a saber que ese momento requiere un relevo porque estáis cruzando, o a punto de cruzar, una línea roja.

Te propongo también que, si intervenís en temas banales, busquéis el motivo: ¿es por necesidad de control? ¿Es porque creéis que la otra persona nunca lo hará tan bien como vosotros? ¿Es por falta de confianza? ¿Es por miedo? ¿Es porque siempre visteis que lo hacía vuestra madre o vuestro padre? Tirad del hilo para desmontar el patrón y elegid una forma de actuar más conectada y consciente.

¿Somos equipo?: Te animo a que os reservéis un día o unas horas para estar solos y hablar del equipo que queréis ser. Primero, preguntaos si funcionáis como un equipo, si os sentís equipo: si tu pareja te sostiene cuando te faltan las fuerzas y si tú la sostienes a ella cuando flaquean las suyas. Si valoráis cómo es y lo que hace el otro, o si discutís y solo os fijáis en lo que no os gusta. Cuando lo hayáis identificado, miraos a los ojos e intentad ver de verdad a la persona que tenéis delante. Abrazaos unos instantes, respirad juntos de forma acompasada, y luego procurad crear una hoja de ruta juntos de cómo queréis que sea vuestro equipo, cómo queréis que funcione a partir de ahora, qué debéis cambiar y cómo hacerlo. Organizaos para garantizar que este equipo funcione como tal. ¡A por todas!

RESUMEN

✓ Es normal que cada cual tengamos nuestra opinión. Somos distintos y debemos aceptar que nuestra pareja hará las cosas a su manera.

✓ Al mismo tiempo, es importante compartir unos valores y unas líneas maestras en cuanto a cómo queremos que sea la crianza y la educación de los hijos. Cuando no hay base común, se multiplican los roces y las discusiones.

✓ Debemos aprender a comunicarnos de forma asertiva. Es importante ver qué referentes tenemos en cuanto a la comunicación (cómo se comunicaban nuestros padres) y averiguar si estamos reproduciendo algún patrón.

✓ Para comunicarnos de forma asertiva, debemos hablar desde nuestro sentir y nuestras necesidades sin atacar a la pareja. Eliminemos el «Es que tú…» de las conversaciones.

✓ Las tareas del hogar y la carga mental suelen ser un foco de malestar para muchas parejas, que ven desequilibro e injusticia en cuanto a quién hace qué.

✓ Hablad de ello y organizad las distintas obligaciones para que cada uno se sienta bien y haya un equilibrio.

✓ Intervenir cuando uno de los dos gestiona un conflicto puede generar malestar y desencuentros. Hacedlo cuando vuestra pareja esté a punto de cruzar líneas rojas y necesite un relevo, pero evitad hacerlo por cuestiones menores, para que no se sienta desautorizada o controlada.

✓ Será más fácil si somos equipo. Cuando sentimos que sumamos y que, juntos, nos hacemos mejores padres, la crianza y educación de los hijos será más llevadera.

✓ A veces no hemos visto a nuestros padres como equipo: nos tocará averiguar qué patrón hemos integrado y ponerle conciencia para no reproducirlo, además de sentar unas bases conscientes de cómo queremos que funcione nuestro equipo y luchar para conseguirlo.

5

La sexualidad, ese tema tabú

—¿*Vosotros todavía folláis?* —*le preguntó a bocajarro David a Juan cuando salían del box de crossfit al que se habían apuntado hacía dos meses y del que se llevaban a diario una nueva tanda de agujetas.*

—*Hostia, David, ¡qué tacto tienes!* —*se rio Juan*—. *Sí, de vez en cuando. Muchísimo menos que antes de Bruno, que lo hacíamos sin parar y a todas horas, o eso me gusta recordar, pero ahora pues cuando podemos. ¿Por?*

—*Joder, porque Neus y yo estamos pasando por una sequía que flipas. Y yo no es que me muera de ganas, la verdad, ya sabes que cuanto menos lo haces, menos piensas en ello, o eso dicen, pero joder... Ocho meses a cero me parece demasiado.*

—¿*Ocho meses? ¿Y cómo lo lleváis?*

—¡*Yo qué sé! A veces podríamos, pero creo que ya no sabemos cómo empezar ni cómo acercarnos. Ella se pone a mirar el móvil y yo veo alguna serie mientras los niños duermen... Y cuando coincide que los dos se echan la siesta, hacemos algo juntos, pero ya ni se nos ocurre que sea sexo. Un poco deprimente, ¿no?*

—*Pues no sé qué decirte, tío, lo siento... Qué putada, porque follar mola mucho, pero, claro, tenéis un peque superbebé todavía... y estaréis agotados. Yo solo con Bruno ya no me aguanto, pues vosotros con dos ni te digo.*

—*Ya, pero no sé... Un poco de marcha estaría bien.*

Habían llegado al aparcamiento de motos. David se puso el casco y quedaron en verse el viernes para volver a morir de agotamiento juntos.

Juan se quedó con el mal rollo dentro. Él consideraba que lo hacían poco, pero viendo a David pensó: «No estamos tan mal». Un par de veces al mes sí que caían, y le costó imaginarse ocho meses sin hacer el amor. Le entró el miedo por si eso también les podía pasar a ellos y, para asegurarse de que él no era David, cuando entró en casa y saludó a Dolo, le dio un beso más largo que de costumbre y la estrechó entre sus brazos.

—Uy, Juan, ¿qué te pasa? ¿El crossfit te pone o qué?

—Tú me pones.

—Pues relájate, que tenemos a tu madre en el salón, ¿o ya no te acordabas?

La libido le cayó en picado y fue a saludar a su madre; efectivamente, había olvidado que iba a pasar a jugar un rato con Bruno.

Juan y Dolo habían hecho mucho el amor cuando empezaron a salir. Se excitaban nada más verse, tenían una química tremenda y lo habían aprovechado y disfrutado. Cuando ella se quedó embarazada, estuvo tres meses que en lo último que pensaba era en el sexo, y Juan lo echó mucho de menos, pero a mitad del embarazo ella volvió a encontrarse de fábula y lo buscaba día sí y día también. A él, sin embargo, verle esa barriga tan redonda y esos pechos exuberantes le hacían caer la libido. Y no porque no creyera que ella estaba preciosa, que sí, sino porque le era imposible no pensar que allí dentro había un bebé, y verla a ella con un aire tan maternal hacía que le costara empalmarse. Cuando se acostaban, Juan tenía que hacer verdaderos esfuerzos para dejar de pensar en Bruno y centrarse en Dolo, y aunque lo disfrutaban, no era como antes.

Pero lo difícil vino después del nacimiento de Bruno. Al principio los dos se volcaron en el bebé, y durante la cuarentena disfrutaban de una intimidad que hasta el momento quizá no habían explorado. Se podían abrazar largos ratos en el sofá mientras Bruno dormía a su lado o pasear dándose la mano y besándose a cada rato con el peque colgado en el portabebés. Las semanas fueron pasando y Dolo seguía queriendo ese tipo de intimidad: abrazarse, hacer la cucharita en la cama y decirse cosas bonitas mientras Bruno dormía cerca…, pero Juan se excitaba nada más abrazarla. Verle los pechos cada dos por tres amamantando a Bruno no ayudaba a que él pudiera desconectar de su deseo. A veces pensaba que era un buen momento y se lo mostraba metiéndole mano, y ella le decía «Pero ¿qué haces? ¿No ves que está a punto de despertarse?».

Bruno fue creciendo y empezaron los rifirrafes sobre temas de crianza. A Juan le hubiera gustado ser más protagonista, pero el peque prefería a su madre. Juan se sentía un poco frustrado, y entre eso y que él y Dolo no se ponían de acuerdo en qué normas hacerle cumplir o en cómo decirle las cosas ahora que era más bebé que niño pequeño, digamos que el terreno no favorecía el sexo. Alguna noche que él lo intentaba, incluso aunque hubieran discutido, ella saltaba: «¿En serio quieres follar ahora con lo cabreada que estoy por lo que ha pasado antes?». Porque esa era otra: para Dolo era imposible acercarse a él o tener algo de intimidad juntos si no iban a la par durante el día. En cambio, para Juan era totalmente compatible.

Algún día él mostraba su descontento diciéndole:

—Parecemos compañeros de piso, Dolo.

—No, Juan, no te equivoques, parecemos unos padres ultracansados con un bebé de un año que no para de pillar todos los virus habidos y por haber y que apenas duerme de noche. Milagros, a Lourdes.

—¿Y no será que ya no te excito?

—Juan, no es que no me excites, es que lo más excitante de mi vida ahora mismo sería encontrar la casa recogida cuando vuelvo del curro o no tener que despertarme cada noche seis veces. ¿Me entiendes? No eres tú, ni soy yo, son las circunstancias, cariño. No te me pongas paranoico, que nos conocemos…

Juan era un poco inseguro y siempre terminaba pensando que quizá ella se había cansado de él. Era su miedo permanente: dejar de parecerle atractivo, simpático o buen compañero. Sus anteriores relaciones serias habían terminado así: supuestamente, ellas se habían cansado, o eso había interpretado Juan, así que no le costaba pensar que a Dolo le pasaría lo mismo.

Ella, en cambio, y durante los dos primeros años de Bruno, solo quería tener espacios con Juan, pero de una intimidad diferente, con más mimos que penetración, con más abrazos que felaciones. Quería explorar nuevos caminos: tumbarse, acariciarse, hablarse al oído, animarse en etapas duras y sentirse una con él sin necesidad de acabar desnudos y uno encima del otro. Eso no le apetecía demasiado: por un lado, porque estaba menos sexual que antes de Bruno, y, por el otro, porque el peque se despertaba a la mínima y siempre tenía miedo de dejarlo a medias. «Para un coitus interruptus, ya si eso no empezamos», pensaba siempre.

Algunas discusiones eran sobre sexo. Lo rechazada que se sentía Dolo durante el embarazo cuando él no quería hacer el amor se reproducía al revés cuando ella decía «Hoy mejor no», ya con un Bruno de año y medio. A veces este malestar acababa con una discusión y el consiguiente enfado de unas horas. Luego les tocaba hablar y comprenderse, aunque en ocasiones no terminaran de hacerlo del todo. No era fácil porque eran diferentes y funcionaban de manera distinta.

Por suerte, el tiempo fue pasando y la libido de Dolo iba subiendo al mismo ritmo que Bruno se iba sintiendo más autónomo. Pero luego aparecían el cansancio, la pereza (que también había a veces) y las dificultades de encontrar espacios de intimidad en los que no percibieran a Bruno como un peligro. «Lo último que quiero es que el niño nos encuentre follando. A ver si tendremos que llevarle a terapia con tres años», decía siempre Dolo riendo. Juan creía que no había para tanto y que, a esa edad, solo tendrían que decirle que papá le estaba mirando y curando una herida a mamá.

Así que ese día que Juan volvió de crossfit, en cuanto se fue su madre, le dijo a Dolo:

—Cariño, lo hacemos muy poco, y creo que necesito más sexo... ¿No podemos o tenemos la libido o las ganas un poco ausentes? No *quiero terminar como David y su mujer, que llevan ocho meses sin follar y ya no sabe ni si le apetece. Con lo que tú me gustas, Dolo...*

—*Oye, que lo que le pasa a David no nos tiene que pasar a nosotros. No compares parejas, Juan, te lo tengo dicho.*

—*Ya sabes qué quiero decir...*

—*Quizá tengas razón y nuestra libido esté un poco por los suelos últimamente... A veces podríamos, pero elegimos hacer otras cosas.*

—*¿Lo ves? A eso me refiero.*

—*Ok. Hablemos de ello y busquemos soluciones, ¿vale? Pero por si estabas agobiado: me sigues poniendo a tono, y ahora que vas a crossfit y te estás poniendo cachas, más, que lo sepas.*

—*Ahora sí que me has puesto cachondo... Acostemos rápido al peque y te hago un homenaje.*

—*Compro.*

Esa noche tuvieron sexo del bueno sin pereza ni prisa, entregándose sin reparos. Cuando terminaron, todavía desnudos y tumbados en la cama, decidieron ponerse las pilas para que ese sexo volviera más a menudo a su vida.

INMADUREZ SEXUAL Y TABÚ

Nuestra sociedad sigue pagando el precio del peso de la religión y el patriarcado. El sexo, hoy en día, continúa siendo un tema tabú y, aunque hay signos de cambio, creo que necesitaremos varias generaciones para que este tema deje de molestar. En los talleres que ofrezco a parejas, cuando imparto el de sexualidad, el cambio es evidente. De repente aparecen la vergüenza, la dificultad de compartir según qué y la incomodidad.

Por suerte, siempre hay personas más abiertas dispuestas a compartir qué les ha pasado y cómo se han sentido, y, a medida que las parejas van hablando, empiezan a respirar relajadas. Unas piensan «No estamos tan mal»; otras ven que lo que les ha pasado también les sucede a otras personas; y, para algunas, el hecho de que se dé espacio a estos temas que quizá nunca han hablado con nadie las ayuda a relajarse. Cuando les pregunto «¿Con quién habláis sobre sexualidad, más allá de vuestra pareja?», la mayoría responde que con nadie. Muchos hombres dicen que a veces sale el tema con los amigos, pero siempre desde la guasa, nunca en serio. Alguno dice que tiene un amigo o una amiga a quien siente que le puede contar algún problema de su vida sexual, que tienen suficiente confianza como para sentirse bien. Pero luego cuentan que, claro, con hijos a veces hay poco tiempo para las amistades y que esas conversaciones se dan de uvas a peras.

Luego están las mujeres: por lo general, la mayoría hablan de sexualidad con sus amigas, y no lo hacen desde la broma, sino abriéndose y contándose problemas, dudas o dificultades con los que se hayan encontrado. Otras no lo hablan con nadie. Cuando hago que se remonten a su infancia, encontramos la llave de todo. La mayoría no tuvieron educación sexual en casa y, si la hubo, a menudo fue para advertirles de los peligros que entrañaba, nunca para hablar de deseo, consentimiento, etc. Relatan la incomodidad de sus padres si alguna vez aparecían escenas de sexo en la tele, o cuando ellas, de pequeñas, preguntaban algo sobre la sexualidad. Las respuestas de «Te lo contaré cuando seas mayor», «Pregúntaselo a tu madre» o «¿A qué viene eso?» sin responder a la pregunta denotaba que esos temas, en casa, era mejor no tocarlos.

Porque los tabúes empiezan así: un niño, por lo general en la etapa de infantil, movido por una curiosidad enorme, empieza a hacer preguntas, a explorarse y a querer comprender y saber. En esos momentos saben si sus adultos de referencia responden igual que a las preguntas sobre alimentos o coches, por ejemplo, o si, en vez de eso, se incomodan. Cuando notan que hay cierto reparo, vergüenza o dificultad a la hora de responder, llega la primera idea de «Uy, ¿qué pasa aquí?». Por eso es tan importante que seamos conscientes de que la educación sexual empieza en casa y superpronto: cuando son pequeños y nos ven cambiarnos la copa menstrual, cuando nos duchamos juntos y observan nuestros genitales con curiosidad, cuando exploran su cuerpo y algunos se estimulan y sienten placer... Lo que decimos y lo que hacemos en esos momentos marca una pauta: si esos temas se consideran normales o son tabú.

Como muchas veces el sexo suele suscitar recelo y se habla menos de lo que deberíamos sobre el tema, crecemos sin una verdadera educación sexual que nos ayude a comprender lo que implica la sexualidad. Tener hijos tiene mucho de esto: no solo por cómo se hacen los bebés de forma natural —también cuando es con ayuda médica—, sino porque durante el parto y la lactancia... se segregan las mismas hormonas que en el acto sexual. Con tanto paralelismo, es normal que, al tener hijos, vivamos mucha removida interna con el tema del sexo. Entre todo el bagaje que cada uno lleva encima respecto a educación sexual, la cantidad de cambios en poco tiempo y la falta de apoyo —porque, como es un tema tabú, se habla poco de él—, contamos con todos los ingredientes para sufrir. Nos faltan información, herramientas y, sobre todo, comunicación.

Muchas mujeres me han explicado en grupos de crianza o en sesiones que se sintieron realmente maduras a nivel sexual a partir de cierta edad (muchas veces después de los cuarenta) gracias a la transformación que les produjo la maternidad. A través de ella, se dieron cuenta, por ejemplo, de que eran demasiado complacientes, de que siempre dejaban su placer en segundo plano, pero cuando empezaron a amarse, comenzaron a poner límites. Algunas, cuando llegan a esa edad, perciben que su relación de pareja es desigual y desequilibrada, y, a pesar de que lo intentan, al final ven que, con su pareja, no tienen la posibilidad de seguir creciendo como quieren. Se separan y entonces descubren el verdadero placer sexual. Pero no porque tengan otras parejas sexuales, sino porque se dan el permiso que no se habían dado antes para gozar, amarse y ponerse en un lugar equivalente al del hombre.

Por suerte, creo que las nuevas generaciones son más abiertas en este sentido y se quieren más. No sé si vivirán la sexualidad desde un lugar más sano y pleno, pero de lo que estoy segura es de que no lo ven con tanto tabú como las generaciones anteriores y esto es muy bueno. Por supuesto, tendrán que ir descubriéndose y abordando heridas que es probable que también salgan, pero lo tendrán más fácil, sin duda, sin cargar con el peso del tabú.

En fin, sea como sea, independientemente de tu edad, te animo a que revises la información que te dieron en casa y cómo se hablaba de la sexualidad en tu niñez para que comprendas de dónde vienes. Intenta recordar qué te dijeron si alguna vez te vieron tocándote o te sentaron en el sofá para darte una charla sobre sexo. Es importante ofrecer la información que el niño pide o no, pero necesita, y hacerlo sin reacción emocional. Esto le ayuda a vivirlo de una manera natural y orgánica. Por ejemplo, si vemos a una niña tocándose, lejos de hacer un mundo y descolocarnos emocionalmente, podemos validarla diciendo «Veo que esto te gusta, es normal, es que es chulo lo que se siente» y darle la información que necesita: «Si quieres tocarte la vulva, hazlo siempre con las manos limpias y en tu habitación». Recuerda que debemos establecer los límites para garantizar su seguridad.

Pero muchas veces se reacciona con asco o asombro y se titubea, no se sabe qué decir o se riñe. Y esto deja una impronta.

Procura tirar atrás y recordar en qué otros lugares recogías información sobre la sexualidad: ¿de las revistas porno, de alguna charla del cole, de los amigos o de algún hermano mayor? Por último, recuerda qué salud sexual crees que tenían tus padres en su relación. Porque la manera como vivimos nosotros la sexualidad es un reflejo —si no hemos puesto atención ni conciencia en ello— de lo que hemos vivido y recibido en casa por parte de nuestros adultos de referencia.

Uno de los problemas más habituales relacionados con la sexualidad cuando somos madres y padres son las oscilaciones en los miembros de la pareja en cuanto a la libido. Es posible que estuviéramos acostumbrados a unas sensaciones corporales, a una excitación más o menos habitual y a una actividad sexual que luego quizá cambia y no nos reconocemos.

Hay hombres que, después de ser padres —justo después o al cabo de unos años—, sienten que tienen la libido baja. Por lo que he visto al acompañar a muchas parejas, por lo general no lo llevan nada bien. Se sienten culpables, raros o menos hombres por el hecho de no tener las mismas ganas de sexo que antes. Hay como un aura de vergüenza que los atrapa, como si estuvieran haciendo algo mal. Se preguntan qué les ha pasado y no suelen comentarlo con nadie porque temen ser juzgados.

A veces ocurre justo lo contrario: los hombres tienen la libido por las nubes y no sienten que su pareja les corresponda. Esto les genera frustración, incluso enfado, que pueden dirigir de forma inconsciente hacia su pareja o hacia su hijo, culpándolo de la nueva realidad a nivel sexual.

En ellas, los cambios en la libido y no sentir que van a la par a nivel sexual con su pareja son los problemas más habituales de esta etapa. Cuando quieren tener mayor actividad sexual, aparece la frustración, incluso la baja autoestima, porque sienten que quizá ya no le gustan a su pareja, que no son suficientemente atractivas o que tienen algún problema. Cuando es al revés, surge la culpabilidad por no tener la capacidad de satisfacer los deseos de su pareja; se encuentran entre la espada y la pared: entre respetar lo que su cuerpo les pide o corresponder a la pareja, a la que quieren y a quien no desean hacer que se sienta mal.

No es fácil. Si has pasado por ello, lo sabes. Todos estos desencuentros y diferencias de ritmo, libido y deseo producen muchísimo malestar, y muchos problemas de pareja tienen su origen en no compartir la intimidad. Para algunas personas, si no hay sexo, no puede haber nada más. Para otras, existen muchos otros espacios de intimidad en los que encontrarse, y hay que pasar por ellos para, quizá luego, llegar al acto sexual.

Esto, sin embargo, no se explica si no comprendemos la transformación a todos los niveles que implican la maternidad y la paternidad. En cuanto a la primera, hay tantos cambios a nivel físico que podemos decir sin miedo a equivocarnos que la mujer vive el proceso de la serpiente, que deja atrás su piel para tener otra nueva. Pues más o menos esto es lo que ocurre: ya no somos las mismas. ¿Cómo serlo después de un embarazo, después de un parto, después de un primer tiempo de crianza ultraentregado y removido o después de la lactancia? Es imposible. Cuando se producen tantos cambios, también hay cierto estrés, y el estrés y la sexualidad no son buenos amigos. A eso hay que sumarle los posibles daños colaterales que hayan dejado un parto instrumentalizado, una cesárea, etc., y la bajada de la libido natural que se vive en el puerperio. La naturaleza es sabia y, para el bien de la especie, piensa: «Para que te vuelques en tu bebé, mejor que te baje la libido y no te distraigas, que el peque tiene que sobrevivir».

Los padres también se transforman: no es lo mismo no ser responsable de nadie que tener un bebito a cargo al que hay que cuidar, atender y satisfacer sus necesidades. A veces aparece la abrumadora sensación de «Esto es para toda la vida» o «No puedo perder el trabajo, que ahora un peque depende de mí». A veces estresa y preocupa en demasía, lo que baja, inevitablemente, la libido. Todo dependerá del carácter de cada uno, de las experiencias vividas en el pasado (recordemos las paranoias y miedos de Juan) y de lo mucho que sepamos sobre esta etapa.

He comprobado que las parejas más informadas y que más saben sobre lo que ocurre en estas etapas tan primarias de la maternidad y la paternidad están más tranquilas, lo relativizan un poco todo y no se preocupan tanto. En cambio, los que tenían unas expectativas y creencias muy concretas —como «Siempre soy muy activo sexualmente»— y carecen de información, sufren muchísimo más porque no entienden nada de lo que les ocurre y empiezan a pensar que no es normal. Si a esto les sumamos que les da mucho reparo contárselo a alguien y aún más buscar apoyo profesional, a menudo hay parejas que lidian con todas estas removidas solos, sufriendo y distanciándose de su pareja.

Otro problema no menos importante es el de las creencias que tenemos que a veces representan una losa. Por ejemplo, la creencia de que, una vez se tienen hijos, baja para siempre la actividad sexual. O la de que, para que los hombres sean hombres, tienen que «cumplir» en la cama, y esto significa estar siempre dispuestos y con el deseo por las nubes. O la de que, cuando una mujer es madre, prácticamente pierde el deseo y se vuelve aburrida a nivel sexual. O la de que, cuando se llevan años de matrimonio y se tienen hijos, el sexo es monótono, en sábado y con la postura del misionero. A veces lo hemos escuchado en broma, pero son creencias que están muy extendidas y se van propagando e integrando en un imaginario colectivo que, aunque no queramos, cala.

Las creencias hacen mucho daño. Un día, en un taller, un hombre compartía que, durante un tiempo, se sintió muy poco activo sexualmente y que eso lo removió muchísimo. Primero porque se creía alguien muy activo, que siempre tenía ganas de hacerlo, y segundo porque asociaba que, si no le apetecía, es que tenía un problema o había perdido la virilidad. «Ni siquiera me atrevía a contárselo a mis amigos por miedo a que se rieran de mí o a que pensaran que no se me levantaba. Lo pasé fatal». En realidad, no le pasaba nada malo ni tampoco tenía un problema: con la paternidad se le habían tambaleado los cimientos y se sentía superinseguro y vulnerable.

Desde esta removida, no tenía muchas ganas de hacer el amor (algo comprensible), pero lo convertía en un problema el discurso mental y crítico que se lanzaba cada vez que pensaba que lo que le ocurría no era normal. Al final se dio cuenta de que eso era una creencia, vio que le venía de la infancia, de lo que siempre había oído decir a su padre —era muy importante ser viril y un hombre en esa casa—, así que poco a poco, con conciencia y atención, pudo ir desmontándola. Se dio permiso para sentirse como se sentía, y lo más importante: supo que parte de esa actividad sexual no nacía de que realmente hubiera mucho deseo en él, sino de sentir que funcionaba muy bien en la cama, como si estuviera en una competición imaginaria y la quisiera ganar siempre.

Detectar nuestras creencias y ver si algunas de ellas nos impiden fluir con la sexualidad de forma ligera, libre y sin peso es importante. Tenemos derecho a gozar de la sexualidad, del cuerpo, del placer, de la intimidad, de explorar y aprender de ella... Quizá nunca nadie nos dijo que teníamos ese derecho o que merecíamos cosas buenas, como el placer propio y compartido. ¡Es tan importante que averigüemos si hay alguna herida ahí! Algunos hemos crecido creyendo que no merecíamos el placer ni gustar mucho a alguien, que no era posible gozar de la sexualidad o que era algo sucio. Solo dándonos cuenta de ello podremos revertirlo y permitirnos vivir una vida sexual plena. Obsérvate, escúchate y, poco a poco, ve desmontando las posibles creencias limitantes que tengas sobre la sexualidad. ¡Verás qué liberación!

Por último, otro problema importante que quiero destacar y que a menudo interfiere en el gozo de la vida sexual son las heridas que tenemos respecto a cómo percibimos nuestro cuerpo. Si hemos crecido sintiéndonos poco agraciados, nos dijeron que estábamos demasiado gordos o hay partes de nuestro cuerpo que vemos feas, no nos gustan o sentimos que es imposible que gusten a nadie, esto nos influye muchísimo a la hora de vivir la sexualidad después de tener hijos porque nuestro cuerpo cambia. El de las mujeres, pero también el de los hombres, y si hay heridas respecto a cómo es ese cuerpo, saldrán a la luz. Si nos identificamos con nuestro cuerpo físico entendiendo que nos da y nos quita valor dependiendo de si cumple con unos estándares estéticos sociales y culturales, puede que nos avergoncemos de cómo somos.

Con la maternidad y la paternidad, nuestro cuerpo experimenta cambios. Por supuesto, más el de las mujeres, pero el de los hombres también: muchos engordan porque hay más estrés, menos tiempo para el deporte y, a nivel hormonal, también se producen cambios que se manifiestan en el cuerpo. Ojalá amemos profundamente nuestro cuerpo, porque desde ahí nos será muchísimo más fácil entregarnos y compartirnos. Desde el juicio, desde la vergüenza, desde la falta de amor propio, acaban apareciendo fisuras en nuestra relación con el sexo. Si me estás leyendo y te resuena lo que te digo, respira. No te cuento todo esto para hacerte sentir mal, ni por asomo, sino para arrojar luz y que puedas ver qué ocurre para solucionarlo. Recuerda que no podremos cambiar nada de lo que no seamos conscientes. Así que escúchate, ponle conciencia y, luego, pasa a la acción. Mereces amarte, gozarte y disfrutar de una vida sexual plena.

SEXUALIDAD Y FALTA DE COMUNICACIÓN

Hace unas páginas te hablaba de lo mal que nos comunicamos en general. No tenemos mucha idea de comunicación asertiva, de conectar con nuestras necesidades y contarlas desde nuestro sentir, sin atacar, sin el «Es que tú...». Pues si no sabemos hacerlo normalmente, imagínate cuando el tema en cuestión es tabú, un tabú que no sabemos cómo abordar porque no tenemos referentes, uno del que siempre se ha hablado en tono burlón, con poco diálogo serio y asertivo, uno que nos remueve y a veces nos toca alguna que otra herida, uno que nos puede activar la vergüenza, etc. No, fácil no es, sin duda.

No saber hablar de ello hace que luego cada uno deduzca lo que quizá no es, aunque creemos que sí. Como Juan, que cree que quizá

Dolo se ha cansado de él, pero lo que le ocurre no tiene nada que ver con eso. Cuando no se habla abiertamente y de forma asertiva de lo que nos remueve y preocupa, a veces, sin querer, entramos en dinámicas que se van reproduciendo una y otra vez.

Por ejemplo: un miembro de la pareja se siente más activo a nivel sexual y es el que siempre busca a la otra persona. Esta se siente quizá presionada o cree que no puede corresponderle como le gustaría y nace en ella la culpabilidad. La culpa la aleja de tener ganas de sexo porque nota el malestar que se crea cuando no siente el mismo deseo. La otra persona empieza a agobiarse, se frustra y se enfada: «Es que tú no me buscas nunca, siempre tengo que ser yo, y la mayoría de las veces no quieres, ¿qué te ocurre?». «Es que no te busco porque no me das tiempo, siempre eres tú y siento tu presión. Dame espacio, dame tiempo». Y se inicia una dinámica en la que pueden estar años en plena insatisfacción sexual y con desencuentros similares por no abordar el tema de una forma más profunda, más global y desde un lugar conectado, consciente y adulto.

Con esto me refiero a no reaccionar desde el ego y a tomarnos siempre lo que desee el otro como algo personal. Cada uno está lidiando sus propias batallas, y más todavía cuando hay hijos de por medio. Es mucha removida emocional, y también sexual. Debemos sentarnos y mirar lo que nos está pasando de una forma madura, preguntándonos:

¿Qué nos está pasando con el sexo?
¿Vamos a una o no? Y en caso de que no sea así,
¿qué creemos que lo provoca?

Porque pueden ser muchísimas cosas: el ritmo de vida, el estrés, la falta de conciliación, el sentirnos abrumados por las circunstancias, el exceso de preocupaciones, obligaciones o cansancio, la bajada de la libido típica del puerperio... O puede que, antes de tener hijos, ya hubiera movidas sexuales, no las abordáramos de forma adulta y madura, y ahora, con tanto sumado, haya estallado el malestar por los aires. O puede que no nos guste nuestra pareja como padre o madre y, si eso ocurre, es difícil que nos acostemos cuando hay tanta distancia en algo tan importante como los hijos. O puede que haya roces por otros temas y, sin solucionarlos, no apetezca la intimidad.

Si queremos salir de la encrucijada, primero es necesario que seamos conscientes de lo que está ocurriendo para, por lo menos, intentar cambiarlo, si es lo que deseamos. Luego sería bueno que nos abriéramos a nuestra pareja: contarle cómo nos sentimos, por qué creemos que nos sentimos así y qué necesitamos. También escucharla profundamente para que, en este diálogo de sentires y necesidades, nos encontremos en algún punto. Cuando nos comunicamos desde el cómo nos sentimos, es más fácil que se active la empatía en la otra persona, y viceversa. Entendernos, permitirnos resonar con el sentir del otro y abrazarlo hará que después sea mucho más fácil buscar soluciones, si son necesarias. Tiene que haber una escucha activa y una apertura para que se pueda producir la conexión y, desde aquí, ver qué está ocurriendo.

A veces lo que pasa es que no tenemos práctica. Nunca hemos hablado de estos temas y no sabemos ni cómo empezar a hacerlo. Bueno, como todo lo que no hemos hecho nunca, la forma de cambiar eso es practicando mucho: cuanto más hables de sexualidad y te abras a ella, menos te costará.

Cómo romper el patrón

Para romper cualquier patrón que no queramos seguir manteniendo ni transmitiendo a nuestros hijos, es imprescindible identificarlo, es decir, detectar que existe. Cuando somos conscientes del patrón que hemos integrado, tenemos que averiguar en qué momentos se activa. Por ejemplo, podemos tener un patrón de vergüenza respecto a la sexualidad y, cuando la pareja nos propone hacer algo nuevo a nivel sexual, cerrarnos porque nos sentimos avergonzados. Esto puede venir de lejos, igual de la infancia, cuando se nos inculcó que hacer determinadas cosas, como masturbarse, era vergonzoso y no debíamos hacerlo.

Si a edades muy tempranas se humilla a los niños, se hace mofa de ellos o se les reprende con dureza por algo normal —como experimentar placer, preguntar sobre la sexualidad, mirar con curiosidad los genitales de sus hermanos, etc.—, puede instalarse una impronta inconsciente de que eso es malo, que no debería hacerse y que, si se hace, nos tiene que hacer sentir vergüenza, culpabilidad y malestar.

Podemos tener otro patrón, como el de resonar fácilmente con la insuficiencia. Cuando la pareja no expresa el mismo deseo que nosotros, quizá nos sintamos rechazados o pensemos que no le gustamos porque no somos suficiente para el otro. Podemos llegar a pensar que le gusta alguien más y empezar a sentir celos por una película que nos estamos montando, y eso, lejos de mejorar la relación, la empeorará sin duda.

También podemos haber integrado el patrón de usar el sexo como descarga de las propias necesidades físicas, pero no como un espacio de encuentro íntimo y casi espiritual con la pareja. Lo buscamos porque sentimos que nos va bien para liberar de alguna forma el estrés, los agobios o la tensión, cuando la sexualidad no va de eso. Claro que ayuda a descargar, pero nadie debería ser el recipiente de una descarga tensional. O podemos haber integrado este patrón porque quizá en casa vimos una relación de pareja desigual donde uno de los padres descargaba en el otro sus agobios, sus preocupaciones, sus enfados…, y el otro contenía y aceptaba esa dinámica disfuncional.

Si hemos detectado un patrón a nivel de sexualidad y relación con nuestra pareja, tendremos que ser conscientes de ello y empezar a identificar muy bien en qué momentos se activa. Nos puede ayudar llevar un registro de qué decimos, qué hacemos y, sobre todo, qué frases nos vienen a la mente cuando nos sentimos así. Porque a menudo entramos en una dinámica en la que nuestra mente nos trae un pensamiento que activa un montón de emociones. Cuando pensamos, por ejemplo, «Ya no le gusto» o «Siempre me rechaza», es importante que analicemos por qué nos cuenta estas cosas nuestro cerebro, en qué se basa. Si no ponemos consciencia en ello, puede activarse toda una paranoia y un malestar de los que nos cueste salir.

Hay una tendencia: caemos en el patrón porque nos es familiar, porque llevamos muuuchos años repitiéndolo, y eso, aunque no nos guste, nos hace sentir cómodos dado que es lo que conocemos. Y aquí viene la otra cuestión importante: si queremos resultados diferentes, tendremos que empezar por actuar de otro modo. Una vez hemos identificado, analizado y encontrado la raíz del patrón, si queremos romperlo, debemos cambiar las acciones que siempre nos llevan al mismo punto. Dejar de hacerlas o cambiarlas nos abrirá nuevos caminos que, si los repetimos, cada vez nos serán más familiares y al final conseguiremos romper el patrón en el que siempre hemos caído.

Cojamos el ejemplo de Juan: cuando Dolo le dice que no le apetece tener sexo, entra en modo miedo al pensar que ya no se siente atraída por él, que ha conocido a alguien que le gusta más o que se ha cansado de la relación. Supongamos que Juan lo identificara como un patrón que no le aporta nada bueno porque, cuando piensa estas cosas, se siente fatal y luego reacciona de manera inconsciente ante Dolo, quejándose porque no quiere tener sexo con él o enfadándose. Lo que podría hacer es darse cuenta de eso cada vez que se le activan este tipo de pensamientos, o mejor aún, antes de acercarse a ella con ganas de sexo pensar, por ejemplo: «Juan, quizá ella no tenga ganas. Lleva todo el día currando y está cansada. Ojo, no lo lleves todo a tu terreno como si fueras el centro del universo. Tiene derecho a no apetecerle ahora». Es decir: poner atención previa para no caer en el patrón. Si luego ella dijera que no, Juan podría respirar, no tomárselo como algo personal y relajarse. Si su mente le trajera esos pensamientos tan conocidos y recurrentes, podría hablar con ella y decirle: «Mira, no me vas a pillar por aquí, paso de tus ganas de hacerme sentir mal. No voy a entrar. No quiere y ya está. Si me apetece mucho, puedo masturbarme, por ejemplo, pero que ella ahora no quiera no me resta valor ni como hombre ni como persona». Estos diálogos internos, aunque parezcan de alguien majareta, son de persona sana emocionalmente, que se conoce y tiene herramientas para detener la actividad mental desenfrenada cuando esta va por unos derroteros que no aportan bienestar.

Luego, como Juan no resonaría con enfado al sentirse rechazado, sino que se quedaría tranquilo y no se lo tomaría como algo personal, esto cambiaría la dinámica en la que a menudo acaban cayendo él y Dolo. Ella se relajaría, sin duda, y es muy probable que su relación sexual tuviera menos lastre y removidas que nada tienen que ver con el aquí y ahora. Quizá ambos se sentirían más libres y conectados, y es probable que surgiera el sexo en otros momentos desde un lugar de comprensión y conexión porque, cada vez que se rompe un patrón, se puede vivir el momento de una forma más plena y libre. Es como un peso que nos quitamos de encima y eso nos permite vivir más ligeros y felices.

No es fácil, no te voy a mentir, pero sí posible. Hace falta voluntad, mucha atención en el tema para que puedas detectar cuándo se activan los patrones y mucha toma de conciencia.

Así que recuerda:

1. Obsérvate a ti, a tu relación con el sexo y a vuestra relación sexual.

2. Identifica los posibles patrones en los que podéis caer.

3. Tira del hilo para ver cuándo se instalaron, por qué, de quién los heredaste y el motivo por el que aparecieron.

4. Si tirando del hilo aparecen algunas heridas, ponles conciencia, abrázalas y legitímalas. Están ahí, y para que desaparez-

can necesitan ser vistas y atendidas por ti. Si te cuesta, busca ayuda profesional.

5. Averigua cuándo se activan los patrones y regístralos para ser más consciente de ellos.

6. Pon el foco en eso y, cuando se repita una situación en la que se activaría el patrón, respira e intenta actuar de un modo distinto. Repítete: «Quiero saber qué ocurre cuando no repito el patrón» y confía.

7. Felicítate por haber dado el primer paso. No bajes la guardia y, a la próxima, vuelve a poner en práctica todo lo aprendido para no seguir reproduciendo un patrón que no te hace bien. Te lo mereces.

SI HAY QUE SER PRÁCTICOS

Es genial identificar los patrones y revisar nuestras heridas y creencias en lo que se refiere a la sexualidad, pero a veces hay que hacer otras cosas muchísimo más mundanas, como encontrar tiempo para compartirnos y disfrutar de nuestra intimidad. Repasemos a continuación qué cuestiones prácticas podríamos hacer para activarnos y propiciar una vida sexual más gozosa y plena.

Hay quien cree que, después de tener hijos, podremos improvisar igual que cuando no los teníamos. El sexo llegaba de una forma espontánea, a veces cuando menos lo esperabais y luego, con hijos, hay quien tiene la sensación de que el sexo ha de ser planificado y eso corta el rollo. No es que deba ser planificado sí o sí, faltaría más, pero sí que es cierto que, si esperamos que los astros se alineen para tener nuestro encuentro sexual espontáneo, quizá esto tarde tanto en llegar que nos salgan arrugas durante la espera. Sed prácticos y muy conscientes de vuestra realidad actual, tanto si tenéis hijos pequeños que se despiertan por la noche o a los que les cuesta dormirse como si ya son adolescentes que se acuestan a las tantas y aparecen cuando menos los esperáis…

Hay muchas variables que pueden dificultar la tarea de encontrar momentos para el sexo, pero si somos conscientes de la realidad que vivimos, averiguaremos cómo hacerle frente. Si en vez de eso esperamos que el milagro caiga del cielo, quizá nos tiremos meses sin sexo. En serio, es mejor ser proactivos.

A circunstancias excepcionales, medidas excepcionales, ¿no crees? Si todo nos va muy a la contra, tendremos que ser más creativos, imaginativos y decididos. ¿Cómo? Pues quizá tendremos que encontrarnos en otros momentos del día (que no sea por la noche) o pedir ayuda. Recuerdo a unos padres que, al darse cuenta de lo mucho que les costaba tener sexo con dos hijos pequeños, le pidieron a una pareja de amigos que cuidaran de sus peques una vez a la semana durante dos horas para que ellos pudieran mantener sexo disfrutado y sin interrupciones. Luego, ellos se quedarían a sus hijos para que sus amigos también pudieran gozar de tiempo de calidad juntos. Lo dejaron claro: «Necesitamos sexo y no hay manera. ¿Nos podéis hacer de canguro y, el día que queráis, nosotros nos quedamos a vuestros hijos para que hagáis lo que os apetezca?». Y así lo hacían una vez por semana.

Otra pareja que conocí hace años cogía a los abuelos de canguro cada sábado por la tarde. Ellos decían que se iban de compras o a dar una vuelta, pero en realidad iban a un hotel por horas. Sabían que cada sábado por la tarde tenían su cita sexual y eso les motivaba y les excitaba un montón. Al final, lo importante es ver qué queremos, qué necesitamos y cómo podemos dárnoslo teniendo en cuenta nuestras circunstancias. Pero esperar de brazos cruzados no creo que sea una opción que nos dé buenos resultados. Al contrario, es posible que cada vez nos apetezca menos pensar en términos sexuales con la pareja, que no sepamos ya cómo empezar y que vaya acrecentándose la distancia y la desconexión.

Si sentimos que lo que nos frena o lo que hace que nuestra relación sexual no funcione es algo que está en nosotros, quizá sea un buen momento para tomar cartas en el asunto e iniciar un proceso de terapia personal. A veces hay situaciones de la infancia que nos lastran: experiencias traumáticas, abusos sexuales que no recordamos o sí, pero no sabemos sanar, etc. Iniciar un proceso de crecimiento personal e ir sanando esas partes de nosotros que salen a la luz en forma de heridas es importante para que eso no acabe perjudicándonos no solo a nosotros, sino también a nuestra relación de pareja.

En cualquier caso, sed prácticos. Como la sexualidad es un tema tabú, muchas personas acaban entrando también en ese tabú, aniquilándose toda posibilidad de gozo, aprendizaje y crecimiento a través de la sexualidad. Ser prácticos es darnos cuenta de eso y pasar a la acción para cambiarlo, para no conformarnos con una sexualidad vacía y sin placer. Mereces una sexualidad llena de gozo, no lo dudes.

Te invito a leer atentamente el apartado «Te propongo...», con mucha más práctica que puedes aplicar para mejorar vuestra relación sexual. Ojalá os sirva y ayude.

TE PROPONGO...

Sentaos a hablar de sexo: También podéis leer este capítulo del libro juntos o primero uno y después el otro, y luego poner en común lo que os ha resonado. Comentad qué nivel de calidad sexual pensáis que tenéis: qué falla, cómo os sentís, si estáis satisfechos con cómo vivís la sexualidad y con vuestra actividad, y averiguad cómo podéis mejorar la relación sexual. ¿Habéis caído en la rutina y quizá necesitéis más estímulos? ¿Qué os gustaría si imagináis una relación ideal? A continuación, dibujad vuestra hoja de ruta: merecéis vivir una relación plena y gozosa y, para conseguirlo, hay que pasar a la acción si sentís que ahora no la tenéis.

Visitad un *sex shop*: Abrid vuestra mente, romped tabúes, preguntad, dejaos aconsejar por expertos y comprad cosas que os ayuden a gozar más y mejor de vuestra sexualidad: juguetes eróticos, aceites, pinceles, lo que sea. Si sentís que no lo necesitáis, genial, no os hace falta. Pero si creéis que os vendría bien algo de estimulación, cambio de rutinas, imaginación, etc., visitar un *sex shop* os puede ayudar a reactivar la relación sexual. Además, estoy segura de que os echaréis unas risas y, cuando activamos el humor, nos relajamos y conectamos más y mejor con la pareja.

Mirad una película erótica: Si sentís que la libido anda un poco baja en ambos o en alguno de los dos, os puede ayudar ver una película estimulante juntos. En caso de que el porno no sea santo de vuestra devoción y os corte un poco el rollo, hay muchísimas películas eróticas, con más sensibilidad —para muchas mujeres, sobre todo, mucho más excitantes—, que os pueden ayudar. Esto estimulará vuestro cerebro y quizá no lleguéis a la mitad de la película y ya estéis montando la vuestra propia ☺.

Jugad más: La sexualidad es, en parte, un juego en el que interactuamos, nos relacionamos y disfrutamos. Si activáis el juego de pareja de manera cotidiana, es probable que revitalicéis vuestra vida sexual. ¿Cómo? Podéis mandaros mensajes a lo largo del día cuando os sintáis con ganas de tener intimidad con la pareja. Hacéoslo saber: deciros cosas bonitas irá abonando el terreno para, más tarde, encontraros y que excitaros sea más fácil porque habréis estado jugando un buen rato mientras no estabais juntos. Abrazaos más, besaos más, cuidaos más y ponedle mucho humor. Cuanto más os riais y disfrutéis del tiempo juntos, más ganas tendréis de compartiros a nivel sexual. Jugad, jugad y jugad.

Buscad ayuda profesional: Hacedlo si sentís que esto no funciona y que no sabéis dónde está el problema ni cómo solucionarlo. O a lo mejor lo tenéis identificado, pero no sois capaces de afrontarlo ni de superarlo solos. Cuando empecé a trabajar con parejas, casi nadie iba a terapia, y menos para hablar de sexualidad. Ahora, por suerte, hay muchos terapeutas especializados en parejas y cada vez hay más personas que deciden buscar ayuda profesional porque confían en que les servirá. El problema es que a veces se busca cuando ya es tarde, como quien espera un milagro, en plan: «Pensamos que lo mejor es separarnos, pero hagamos un último intento y vayamos a terapia». Considerar que ir a terapia es la última opción antes del divorcio es un error. Si te duele la rodilla, no vas al traumatólogo cuando crees que ya necesitas una prótesis de lo dañada que está, sino cuando sientes los primeros síntomas de dolor, ¿verdad? Pues haced lo mismo cuando se trata de salud mental, de vida en pareja, de relación con los hijos… Cuando sentís que os desconectáis, que hay cosas que se os escapan, que entráis en dinámicas tóxicas… buscad ayuda profesional.

Tened citas sexuales: Citas en las que no habléis de problemas, obligaciones, trabajo… Me refiero a citas para encontraros sexualmente, para disfrutaros como si fuerais novios, no padres. Os recomiendo que paséis una noche fuera, dejéis los niños a cargo de otra persona y os centréis el uno en el otro, teniendo sexo cuando queráis, largo y tendido, rápido y explosivo… Da igual, porque habrá tiempo, porque podréis repetir, porque no tendréis que preocuparos por si los niños entrarán o por si uno duerme en la cama de al lado. Estas citas pueden demostraros que la relación sexual no tiene problemas, sino que las circunstancias la complican. Por eso, si podéis regalaros unos días fuera sin niños, estas citas avivarán la llama.

Todo pasa: Si estás atravesando una mala racha, procura no pensar que siempre será así. Observa tu mente y mantenla a raya, que no se convierta en tu peor enemiga. Hay etapas y etapas. Conectar con el fluir sin ver la realidad en términos absolutos te ayudará a dar a cada cosa la importancia que merece, sin entrar en el drama, sabiendo que todo pasa y que esta etapa también lo hará.

RESUMEN

✓ La sexualidad sigue siendo un tema tabú, y esto complica el hecho de que muchas parejas puedan vivir una vida sexual plena. Como sociedad, seguimos siendo bastante inmaduros en este tema por culpa de la losa que representa que la sexualidad sea un tema tabú.

✓ Hemos tenido una educación sexual pobre o nula, y esto pasa factura a nivel de pareja. Revisar nuestros patrones, nuestras creencias y nuestras vivencias en la infancia en cuanto a educación sexual y tabúes nos ayudará a comprender por qué vivimos así la sexualidad.

✓ Nos falta comunicación asertiva y conectada sobre el sexo. Cuanto menos hablamos, más dinámicas confusas —y a veces tóxicas— se crean, y más difícil es encauzarlo.

✓ Los diferentes niveles de deseo sexual, las distintas necesidades y la transformación y removida que supone para cada uno la maternidad y la paternidad, junto con las creencias, los patrones y las heridas individuales suponen los mayores problemas que nos impiden gozar de una sexualidad plena y feliz.

✓ Debemos asumir que, cuando nos convertimos en padres y madres, todo cambia, y quizá la sexualidad también. No agobiarnos, y explorar nuevas vías de intimidad, buscando soluciones prácticas para encontrarnos es uno de los retos que tenemos que abordar.

✓ Cuanto más juego, humor, confianza y comunicación tengamos, más fácil será conectar sexualmente.

✓ Lo que ocurre ahora no significa que tenga que pasar siempre. Hay etapas y cosas que podemos hacer para mejorarlas. Pasemos a la acción y, si es necesario, busquemos ayuda profesional.

6

Crecer en pareja

En el tercer cumpleaños de Bruno, la hermana de Juan se presentó en casa a las siete de la tarde de un martes.

—Lo siento, ya sé que no he avisado, pero es que quería felicitar a mi sobrino hoy, no esperar a la fiesta del sábado... ¿Me perdonáis?

¿Cómo no sucumbir a los encantos de la hermana de Juan, que era un amor?

Se quitó la chaqueta y fue directa a la habitación de Bruno, donde Dolo estaba poniéndole el pijama al peque. Este se le tiró a los brazos y le dijo:

—Tengo tezzzz! —Y le enseñó a su tía tres dedos con cierta dificultad.

—Lo sé, cariño, por eso he venido, porque te he traído un regalo de cumpleaños. Uno a ti y otro para tus padres, que también celebran que hoy es un día superespecial.

Del bolso sacó un paquete para Bruno. Eran dos cuentos y un muñeco de trapo que el niño abrazó enseguida. Luego, sacó un sobre y se lo dio a Juan.

—Y esto es para vosotros. Tres años de padres ya, madre mía, cómo pasa el tiempo...

Cuando Juan lo abrió, se le iluminó la cara. Miró a Dolo y le enseñó lo que decía la nota:

Sé que andáis con poco tiempo para vosotros. Para este tercer cumpleaños os regalo una noche de hotel con cena y el canguro del peque. Serán poco más de veinticuatro horas, pero estoy segura de que os vendrán de maravilla. ¡Felicidades, pareja!

—Gracias, uau, no me lo esperaba para nada…

—Es que nadie piensa en los padres una vez nace el bebé…, y también merecéis un poco de cariño, ¿no?

—Ya te digo… —Juan abrazó a su hermana con ímpetu—. Eres la mejor hermana del mundo.

—Lo sé —asintió ella con sorna.

Cuando se fue y acostaron a Bruno, se sentaron en el sofá y Dolo dijo:

—¿Qué haremos tantas horas juntos y solos? ¡Si ni me acuerdo de la última vez!

—Y ese es el problema, que nunca lo hacemos y, la verdad, no quiero que terminemos mirándonos y pensando «¿Y tú quién eres?».

—¿Tan mal crees que estamos?

—No, claro que no, pero ¿hay que esperar a estar mal para mimarnos y dedicarnos tiempo a solas, hablar sin interrupciones y cuidarnos un poco?

—¿Le diste tú la idea a tu hermana?

—¿Yo? Ojalá. Pero no, ha sido idea suya.

—Ya, tu hermana es la que salió detallista, ¡ja, ja, ja! Oye, pero ¿y Bruno? Me apetece ir, pero me sabe mal por él. ¿Y si llora cuando no estamos? ¿Y si no se puede dormir?

—Podrá, y además creará vínculo con mi hermana y mi madre, y eso es bueno, ¿no?

—Sí, claro —dijo Dolo, aunque a ratos la madre de Juan la sacaba de quicio, también por su forma de relacionarse con el niño.

—Dolo, tomémonoslo como un finde, que ni eso, pero bueno, para hacer un reset. Han pasado tantas cosas en tres años…, y seguro que los próximos tres serán muy diferentes por la edad de Bruno, pero ya tendremos más experiencia… No sé, podemos celebrar estos tres años, ver de dónde venimos, lo que hemos cambiado… y hablar de qué podemos hacer para no terminar cambiando en líneas opuestas, ¿me entiendes?

—Jolín, parece que nos hayamos intercambiado los papeles. Siempre soy yo la que te digo que tenemos que hablar más de nosotros, que tenemos que hacer algo para no terminar siendo compañeros de piso y nada más…

—¿Has visto cómo te escucho y te hago caso? Yo también lo veo necesario, y además… al fin podremos tener sexo en un hotel solos, ¡No me lo puedo creer!

—Habrá que asegurarse de que no sea la semana de la regla, porque, por una vez que nos vamos, tengo que estar a tope.

—¡Por supuesto!

Juan y Dolo estaban bastante bien, pero, como siempre, había cositas: conflictos en algunos temas de crianza, algún roce tonto por cansancio o estrés que pasaban por alto y no hablaban después, algunos días la sensación de que se comunicaban poco y que acababan pasándose el parte del niño y poco más… Y ninguno de ellos quería eso. Querían más, querían esa conexión que habían tenido, pero, aunque no se atrevían a decirlo en voz alta, ninguno de los dos sabía si sería posible volverla a tener ahora que además de pareja eran también padres. Por eso el regalo de la hermana de Juan les vino de perlas.

Cuatro semanas después se despidieron de Bruno a las once de la mañana y se fueron en coche a un pueblecito de la playa que les encantaba. La reserva estaba hecha a nombre de Dolo y, cuando llegaron dos horas después, Juan no veía el momento de entrar en la habitación y hacer el amor. Ella no lo dijo, pero estuvo todo el viaje deseando llegar para enseñarle la ropa interior que estrenaba ese sábado.

Tuvieron sexo nada más cruzar la puerta y, aunque les hubiera gustado que durara algo más, los dos estaban demasiado excitados como para calmar esas ganas.

—Madre mía, hemos durado nada y menos, parecíamos adolescentes —dijo Juan.

—Señal de que nos gustamos… No pasa nada, tenemos casi veinticuatro horas más para volver a hacerlo cuando nos apetezca.

Al oír eso, Juan se excitó de nuevo. Pero, en vez de volver a la carga, se quedaron en la cama hablando.

—¿Tú crees que estamos bien, Dolo?

—Sí… ¿no?

—Supongo que sí, pero no sé… ¿Has visto la de gente que se separa? Es bestial. ¿Por qué tantas separaciones?

—Porque quizá maduramos y ya no aguantamos según qué. No sé… Yo, cuando después de nacer Bruno te pusiste en plan «No me haces caso y él siempre te prefiere a ti», pensé que o te recolocabas y entendías el momento o yo no iba a aguantar a una pareja en modo niño reclamándome atención todo el día. Por suerte, lo hiciste. No sé, hemos crecido mucho este tiempo, ¿no?

—Mogollón… Yo es que ya no soy el mismo. Pero todavía tengo achaques… Bueno, mejor dicho, tenemos, ¿no?

—Sí, porque nos da palo afrontar las conversaciones incómodas. No queremos ofendernos, deseamos estar bien y luego tragamos y no nos comunicamos como deberíamos lo que necesitamos cada uno… Tenemos curro, Juan.

—Ya, pero es que me da mucha pereza.

—Joder, claro, y a mí. Pero, si no lo hacemos, ya ves cómo terminamos algún día: cabreados, tú durmiendo hacia un lado y yo hacia el otro, y con un mal rollo dentro que flipas. No quiero eso.

—Yo tampoco —dijo Juan abrazándola un poco más fuerte.

—Pues hablemos más, también de lo incómodo, de lo que no nos gusta, de lo que tenemos que mejorar.… Pero no desde la crítica, sino como cuando tú o yo, en el trabajo, con nuestros compañeros, nos ponemos a tope a mejorar ciertas cosas que fallan. Es eso lo que tenemos que hacer.

—Lo sé… Porque yo quiero estar bien contigo. Te quiero tanto que no puedo ni quiero imaginarme sin ti.

—Ni yo. Pero quiero imaginarme contigo bien, creciendo juntos, ¿sabes? No en plan pareja que están juntos para no separarse. Quiero estarlo superconvencida, sintiendo que somos un equipo, que nos transformamos, que cada uno aprendemos a nivel individual y de pareja, y que podemos recorrer este camino de la mano.

—Uf, no sé si estaré a la altura... ¿Y cómo se hace eso?

—Pues no lo sé, practicando y aprendiendo, supongo. Nadie nace enseñado. Pero lo que tengo claro es que, juntos, a cualquier precio, no. Juntos haciendo que nuestra relación vaya subiendo peldaños en cuanto a conexión, a criar juntos, a ser equipo, a... todo.

—¿Dónde firmamos?

—Ja, ja, ojalá fuera tan fácil. Tenemos que comprometernos con esto nuestro. Porque merece la pena el esfuerzo. Y, si no sabemos hacerlo solos, pidamos ayuda. Yo qué sé, hagamos terapia individual o de pareja si algún día la necesitamos. Sin miedo, ¿vale? —propuso Dolo dándose la vuelta y mirándolo a los ojos.

—Vale. Hace tiempo que pienso que algo debería hacer yo. Jamás he hecho nada de eso, y creo que alguna que otra tarita tengo...

—¡Ja, ja, ja! Juan, no son taras, son heridas, y las tenemos todos, pero hay que sanarlas poco a poco. Yo nunca te digo que lo hagas porque sé que, si lo digo, luego tendrás menos interés, y no quiero que lo hagas por mí, sino por ti, pero creo que sería una muy buena idea. Si yo no hubiera hecho terapia, te juro que no sería la que soy ahora.

—Nos vendrá bien este finde... —aseguró Juan estirando bien los brazos mientras disfrutaba de la cama king size que tenían ese día.

—Seguro, de maravilla. Oye, este polvo y esta conversación me están pareciendo lo más, y me quedaría si no fuera porque tengo un hambre que flipas.

—Uy, pues vistámonos ya, que tú con hambre eres insoportable y peligrosa.

—Pero ¿qué dices? ¡Menuda fama tengo!

—Te la has ganado a pulso, cariño, pero no pasa nada, te acepto y te quiero así.

Juan la rodeó con los brazos, le dio un beso en la boca y pensó que esa mujer que estaba tumbada con él en la cama era, junto con Bruno, lo mejor que le había pasado en la vida.

LA CLAVE ESTÁ EN CRECER

A nivel social y cultural, siempre se ha dado mucha importancia a que las relaciones de pareja sean largas y duraderas: películas de Disney, *forever and ever*, fueron felices para siempre… En ninguna parte se dice que hubo crisis, que hubo momentos de desconexión y que tuvieron que trabajar duro para reconducir la relación de pareja. Supongo que es mucho menos atractivo y que da cierta seguridad pensar que, si algo dura, es que es bueno y ya. Pero todos sabemos que hay muchas relaciones largas y duraderas en las que ha muerto el amor, que son tóxicas o que se han transformado de pareja a amigos o compañeros de piso, que no de vida. Es hora de que valoremos las relaciones no por lo que duran, sino por la profundidad, conexión y plenitud que viven en ella las personas que la forman.

Las relaciones de pareja han evolucionado, y también lo que las personas piden a su relación. Pienso en mis abuelas, por ejemplo. Lo que ellas pedían a su relación no era, ni por asomo, lo que le pido yo a la mía. Los tiempos han cambiado y las necesidades también. Ellas se casaron en plena posguerra: casarse era la única forma de salir de casa y tener una vida independiente. Eran tiempos de penurias, y vivir en pareja facilitaba muchas cosas en una época en la que lo importante era satisfacer necesidades básicas, en la que estaba mal visto separarse y se prohibía divorciarse. Las relaciones de pareja eran duraderas porque no se permitía otra cosa. Así que, obviamente, todo ha cambiado mucho.

Ahora no solo no necesitamos una relación de pareja para salir de casa y vivir nuestra vida, sino que, además, con las necesidades básicas satisfechas, pedimos más a la relación. Pedimos conexión:

entendernos, apoyarnos, amarnos profundamente, comprometernos a nivel emocional y ser compañeros de vida. No queremos al lado a otro adulto con el que tener que ejercer de madre o padre, que para esto ya tenemos a los hijos. Queremos adultos conscientes que estén por la labor. Esto no es fácil de conseguir en el día a día, porque, en realidad, nada importante es rápido o fácil. ¿Te has fijado? Las cosas que nos mueven requieren tiempo y trabajo, esfuerzo, paciencia…: criar y educar a los hijos, cultivar un buen vínculo con una persona, aprender a relacionarnos y amarnos, dejar atrás los viejos patrones, y tener una relación de pareja donde los dos nos amemos de forma consciente y adulta y podamos crecer juntos.

En mi opinión, la clave para que una pareja funcione y sea fuente de felicidad para las personas implicadas es que podamos sentirnos conectados y crecer juntos. Si lo conseguimos, podemos escucharnos, hablar y abordar temas que quizá sean difíciles, pero, aun así, abrimos los melones. Podemos crecer juntos porque nos permitimos mostrarnos vulnerables y nos importamos, nos apoyamos y sostenemos en esta vulnerabilidad. Crecemos juntos porque existe la suficiente madurez como para no comunicarnos desde nuestro niño interior, sino desde el adulto que somos, y esto nos ayuda tanto a nivel individual, para nuestro crecimiento personal, como a nivel de pareja.

Lo contrario a crecer juntos es una relación de pareja que se ha estancado: ya no aporta nada y se siente vacía, al menos, para una de las personas de la pareja. No aprendemos el uno del otro, ya no hay avance ni apoyo, porque es probable que también hayamos ido desconectando el uno del otro. La relación nos parece menos atractiva a todos los niveles y empezamos a poner atención en otras cosas: la vida laboral, los hijos, el ocio, etc. Cuanta más desconexión, mayor estancamiento y, cuanto más estancamiento, mayor desconexión. Es como un pez que se muerde la cola, un círculo vicioso del que solo podremos salir si somos lo suficientemente maduros como para hacer una buena radiografía de la relación, y si tenemos las ganas y el compromiso de abordar todo lo que hasta el momento no hemos querido tocar.

Hacen falta dos personas para llegar a la conexión entre dos seres y, si una no quiere, la conexión no llegará, ya sea porque la entorpece o porque su energía desprende, de entrada, una falta de interés en la pareja y en la relación. Poco se puede hacer en estos casos, ya que está claro es que, para crecer juntos como pareja, tenemos que querer hacerlo. Y no es fácil, puesto que implica un curro importante que nos obligará a abrir cajas de Pandora que a lo mejor no queremos. Como Juan, que hace tiempo que siente que quizá debería ir a terapia porque hay cosas suyas no sanadas que acaban afectando en su relación de pareja.

Siento que muchas veces la persona que acaba siendo nuestra pareja lo es porque tiene mucho que enseñarnos sin saberlo, y nosotros a ella. Es como si firmásemos un contrato inconsciente e invisible para aprender de ella y de la vida juntos. Lo bueno es hacer eso conscientemente: darnos cuenta de que estar en pareja puede ser una fuente de evolución brutal si nos abrimos a ello y nos entregamos, los dos, a esta experiencia maravillosa de crecer juntos. Y esta es la primera etapa, pero luego viene la evolución. Porque la pareja evoluciona, no es la misma al empezar que cuando tenemos el primer hijo o llevamos veinte años juntos. Esta evolución puede ser extraordinaria si el crecimiento se ha trabajado y hecho consciente. Si hemos ido cultivando el terreno de la pareja, existirá evolución, sin duda. Pero hay que querer, así que lo primero que habría que revisar es el compromiso.

REVISAR EL COMPROMISO

Para tener una buena relación de pareja, es importante revisar nuestro nivel de compromiso: a nivel de conexión, crecimiento, acompañamiento emocional… Quizá nunca nos hemos parado a pensar en eso ni hemos puesto en común qué nivel de compromiso estamos dispuestos a dar. Esto crea mucha frustración porque, cuando hay poco compromiso, se nota, y no es necesario pasar por el altar para que sea mayor. No. Al final, es un compromiso con nosotros mismos y con la pareja que ni siquiera hace falta hacer público. Muchos compromisos que se hacen en público son inmaduros, carentes de reflexión o de toma de conciencia de lo que pedimos a una pareja y de qué estamos dispuestos a dar.

Esto pasa primero por saber qué queremos. Puede parecer fácil, pero no lo es. A veces nos cuesta menos saber qué es lo que no queremos: a alguien infiel, a alguien que no se interese por nosotros... Pero el tema es qué pedimos a una relación y qué estamos dispuestos a entregar. Porque esa es otra: ¿nuestra entrega nace de un lugar consciente o de nuestras heridas, poniéndonos en un lugar más de dependencia amorosa que de relación adulta y consciente, sana a nivel emocional en la que hay equilibrio y no dependencia de ningún tipo?

Al principio del libro lo hemos comentado: es esencial ver nuestras heridas y sanarlas para luego tener relaciones de pareja sanas emocionalmente, y esto requerirá de un compromiso con nosotros y de un trabajo personal. Será ineludible si queremos comprometernos de una forma adulta y consciente con otra persona, porque, si no, nuestras heridas acabarán saliendo a la luz y afectando a nuestro día a día en pareja. No seamos de esas personas que salen del fuego y acaban en las brasas una y otra vez, y van reproduciendo modelos de relación de pareja que no funcionan porque parten de una base llena de fisuras.

Así que te animo y os animo a revisar vuestro compromiso con vosotros y con vuestra relación de pareja. ¿Qué queréis? ¿Os satisface lo que tenéis? ¿Cómo podéis mejorarlo? ¿Qué creéis que falta? Será imprescindible abordar conversaciones incómodas y comprometidas. Sí, lo siento, no hay atajos en el camino. Hay que comunicarnos mucho, reflexionar juntos y abordar vulnerabilidades, miedos y deseos que quizá, por vergüenza o por mil y un motivos que a veces ni siquiera sabemos, albergamos en nuestro interior.

Mantener estas conversaciones profundas desde los adultos que sois, sin miedo, con respeto y profunda admiración y amor por el otro os ayudará a construir ese crecimiento conjunto del que te hablaba hace un rato. Cada conversación será un paso adelante hacia lo que queréis manifestar en vuestra vida y, poco a poco, esto que al principio os parecía tan difícil de abordar, será más fácil, orgánico y natural. Pero asegúrate de que lo que quieres manifestar como pareja lo abrazas como persona. Pregúntate si ese crecimiento que anhelas juntos, ese respetaros, cuidaros y tantas otras cosas, lo haces también contigo. Porque todo empieza en uno mismo, y es muy importante que te asegures de que, antes de comprometerte al nivel que te contaba con tu pareja, haya un compromiso contigo: amarte, respetarte, cuidarte, tenerte en cuenta, escucharte, conocerte, aprender, crecer y evolucionar, por ejemplo. Si no, si carecemos de amor propio, podemos caer en el error de pedir a nuestra pareja que llene vacíos que no somos capaces de llenar por nosotros mismos cuando es nuestra tarea, y ahí empiezan muchas disfunciones en las relaciones.

Revisa tu nivel de compromiso contigo y luego con tu relación. Quizá te venga bien escribir una carta sobre lo que sientes, lo que quieres, lo que vas a entregar, etc. Así, con todo mucho más claro, podrás tenerlo más presente y consciente, y caminar a nivel personal y en pareja con más foco que quien va hacia ninguna parte.

LAS RELACIONES NO SON UN CAMINO RECTO

La vida es cambio continuo y las relaciones también. No esperemos que sea un camino recto, continuo, lineal… Habrá curvas, altibajos y momentos un poco de todo. Bueno, quizá no tanto, pero, en cualquier caso, la relación de pareja se vive en esto que llamamos «vida» y la vida está llena de cambios, de circunstancias que nos abrazan y lo ponen todo patas arriba, y la pareja también se ve afectada. Pero es que además todos estamos en continuo crecimiento y evolución, lo que provocará que la convivencia experimente transformaciones.

Esto, que es natural y pasa de forma orgánica, no debería de abrumarnos. El problema es si esperamos que la relación no sufra ningún reajuste ni vaivén, si juzgamos estos cambios como algo malo o si no tenemos herramientas ni recursos para afrontar las curvas o los altibajos que pueda vivir nuestra relación. Ojo, por lo tanto, con las expectativas que podamos tener, pero también con los miedos que aparecen cuando la relación no va siempre en línea recta. Para vivir una auténtica transformación y evolución en pareja, tenemos que abrazar el cambio como algo natural y deseable. Porque con cada cambio que atravesamos juntos vamos siendo capaces de fortalecer la relación, dándonos cuenta de nuestros puntos débiles y fuertes, etc. Es decir: aprendemos con el cambio, con las curvas, con los reveses de la vida.

En ocasiones, los reveses vienen de la relación: hay malentendidos, no acabamos de sincronizarnos, y esto se traduce en una convivencia pesada y agotadora. Pero otras veces vienen del exterior: un progenitor enferma y tenemos que andar del hospital a casa, viéndonos poco, uno de los hijos tiene problemas y esto acaba centrando nuestra atención y preocupación, o hay dificultades económicas o laborales que pasan factura a la relación de pareja…

Para hacer frente a lo que ocurra, tenemos que asegurarnos de que nos cuidamos, de que sabemos que es un momento potente y de que nos damos la mano para atravesarlo, procurando no desconectarnos. Si lo hacemos, nos perdemos, y entonces será muy fácil que aparezca nuestro niño interior, removido, enfadado y pidiendo atención y amor. Ya sabes, eso de «Mírame, yo más, es que tú…». Por lo tanto, puede ser muy interesante que habléis de cómo vivís los momentos potentes y de cómo soléis atravesarlos. Hay quien se encierra en sí mismo y desconecta de todo para vivirlos mejor, y hay quien necesita mucho contacto y mucha conexión porque de ahí saca la fuerza necesaria para tirar hacia delante. Hay quien odia los cambios y los lleva fatal, y hay quien valora los cambios como retos y los obstáculos como oportunidades para aprender y crecer.

Hablad de ello y de cómo veis vuestro camino juntos: ¿ha habido muchos obstáculos? ¿Eran externos o propios de la relación de pareja? ¿Os sentís equipo y hacéis frente común cuando vienen las dificultades o desconectáis y os aisláis, aumentando la sensación de desunión y soledad?

Sea como sea, aceptad que las relaciones no son un camino lineal y plano, sino como la vida, que cambia: a ratos es fácil, a ratos difícil, pero no tenemos que centrarnos en cambiar lo que es, sino en ver qué podemos mejorar o aprender para transitar mejor lo que es. Por ejemplo, si ahora estamos en una situación de pareja crítica, podemos lamentarnos y ponernos de culo a este momento actual o aceptar que es lo que es y tomar cartas en el asunto: ¿queremos superar esta crisis? Si es que sí, ¿qué necesitamos para hacerlo? ¿Qué sabíamos que no andaba bien pero no hemos atendido? ¿Seremos capaces de enfrentarnos solos a la situación o necesitamos la ayuda de alguien? ¿Los dos estamos en el mismo punto o hay un desequilibrio y una persona se siente absolutamente desconectada, por ejemplo?

Aceptar lo que es no significa que tenga que gustarte. Puede que estar viviendo una crisis de pareja no te guste en absoluto, pero, aunque sea así, la crisis seguirá, y tu forma de acercarte a ella es lo que marcará la diferencia. ¿Te enfadas con la situación, te lamentas y te victimizas? ¿O aceptas lo que hay y, desde un lugar consciente y adulto, lo abordas para ver qué hacer a partir de este momento? Ahí está la clave. Cambios habrá siempre, pero la pregunta es: ¿qué actitud tendréis ante ellos?

Relaciones sanas o tóxicas

Es curioso: en muchas ocasiones, no somos conscientes de qué tipo de relación tenemos con las personas. En consulta, a veces hay padres que, cuando abordamos la relación que tienen con sus progenitores, no se dan cuenta de que es supertóxica. A base de ir abordando el malestar que sienten e ir tirando del hilo, van dándose cuenta de que, cuando están en presencia de sus padres, se sienten mal gracias a sensaciones corporales que se van manifestando antes, durante y después del encuentro. A veces son relaciones tóxicas con una amiga o un amigo, un compañero de trabajo, un hermano o una hermana y también, claro está, con la pareja.

A veces intuimos que esa relación con quien sea tiene algo de tóxica porque no nos hace sentir bien, pero nos cuesta tanto pensar en poner límites que aceptamos esa dosis de toxicidad en nuestra vida. Otras veces negamos que esa relación no sea buena cuando alguien apunta que quizá esa persona se está pasando con nosotros. Es decir, hay una negación. Esto pasa mucho con los padres porque no queremos pensar que ha habido este tipo de abuso: queremos seguir pensando que nos quieren y que, en todo caso, es que no nos lo saben demostrar mejor.

Lo que nos ocupa en este libro son las relaciones de pareja y sí, las hay tóxicas. El tema es verlo y detectar las dinámicas que nos pueden llevar a tener ese tipo de relación con la pareja y averiguar por qué entramos ahí. Por supuesto, nos será muchísimo más fácil detectar todo eso cuando, en nuestra vida anterior, no haya habido relaciones tóxicas con otras personas. Lo veremos porque será muy distinto a todo lo que hayamos vivido con otras parejas, amigos, familia... El problema es cuando venimos de entornos donde las dinámicas y las relaciones tóxicas eran el pan nuestro de cada día y lo fácil es que hayamos normalizado esa forma de relacionarnos. Como no tenemos referentes de otras formas de hacerlo, lo que tenemos nos parece lo más normal del mundo porque nos resulta familiar y es con lo que hemos crecido.

Cuando trabajo con niños que tienen conflictos con iguales (que es lo más normal del mundo), les enseño a escuchar a su cuerpo. Les digo que, cuando estén con esa persona, conecten con su cuerpo y escuchen sus sensaciones. ¿Qué sienten cuando están cerca de ese amigo? ¿El cuerpo se les tensa? ¿Sienten que pueden ser ellos mismos y decir lo que piensan o lo que quieren? ¿Están incómodos en su presencia? Luego les pido que lo comparen con cómo se siente su cuerpo al lado de otras personas. A través de esa escucha vamos viendo cómo nos sentimos al lado de personas con las que mantenemos relaciones sanas y con personas con las que establecemos dinámicas menos sanas. A veces, la otra persona se relaciona mal con nosotros, pero en ocasiones entramos en esta dinámica, es decir, participamos de esa toxicidad.

Pues lo mismo tenemos que hacer de adultos: escuchar a nuestro cuerpo, a nuestras sensaciones y emociones cuando nos relacionamos. En cuanto a la pareja, a veces lo que ocurre es que la empezamos de una forma sana, pero, a medida que va pasando el tiempo, y sobre todo con la llegada de los hijos y de antiguos patrones que estaban escondidos hasta el momento, empezamos a relacionarnos de forma tóxica. Es importante que estemos al tanto de esto y que, si venimos de infancias donde tuvimos referentes con relaciones de pareja tóxicas, observemos la forma en que nos relacionamos, ya que podemos tener cierta tendencia a caer en ellas si no vigilamos mucho.

Puede ser interesante que os reunáis en pareja y os preguntéis si hay algún momento en el que entráis en una dinámica tóxica en vuestra relación. Analizad por qué os pasa, qué os remueve tanto que os lleva a trataros de forma poco asertiva y poco conectada, quizá incluso faltándoos al respeto.

A veces lo que falla es el tono de voz. No es que nos digamos nada malo o fuera de lugar, sino que no nos lo decimos bien. No sabemos comunicarnos y en muchas ocasiones lo hacemos con un tono de voz despectivo, en especial si estamos cansados y estresados. Es importante que lo habléis y detectéis esos momentos en los que, a lo mejor, no os habláis con el respeto que ambos merecéis. Pensad también que es importante que demos ejemplo a los hijos: no podemos decirles que no nos hablen mal si ven lo mal que nos hablamos nosotros. Por lo tanto, pongamos atención al tono de voz, a las palabras que usamos y a cómo las decimos.

No tengamos miedo a poner límites, a avisar a la pareja cuando hable con un tono de voz que no nos guste o use palabras de forma despectiva. A la vez, no nos ofendamos si la pareja hace que prestemos atención a cómo nos comunicamos. Solemos ver si alguien nos habla mal, pero nos cuesta aceptar que nosotros hacemos lo mismo y, cuando nos lo advierten, nos ofendemos.

Solo poniendo mucha conciencia y atención a cómo nos hablamos y nos relacionamos podremos detectar si en algunos momentos mantenemos una dinámica tóxica que queramos eliminar. Así, estaremos más cerca de lograr relaciones sanas, no dependientes, conectadas y felices.

LAS LÍNEAS ROJAS DE LA RELACIÓN

Hay muy pocas parejas que, antes de empezar a salir o al cabo de poco tiempo de hacerlo, marquen las líneas rojas de la relación, es decir, lo que no quieren que suceda. Primero, porque, al hacernos novios, no pensamos que puedan pasar cosas desagradables dentro de la pareja; en pleno subidón, lo vemos imposible. Segundo, porque nadie nos ha enseñado a identificar nuestros límites, qué queremos y qué no, ni se da importancia a comunicarlo en una relación de pareja, de amistad, laboral, etc.

¿Qué es lo que te estoy proponiendo? Pues básicamente que te sientes con tu pareja y dibujéis las líneas rojas que no queréis que se crucen en la relación, para que así, teniéndolas claras, si aparecen os deis cuenta de que se están cruzando y parar o avisar a la otra persona diciéndole: «Oye, estamos cruzando esa línea roja que dijimos que nunca íbamos a cruzar». El problema es que, si no sabemos cuáles son esas líneas rojas, no lo hemos hablado ni somos conscientes de ello, es probable que las crucemos más de una vez y de dos sin darnos cuenta.

¿Cuáles pueden ser esas líneas rojas?

- Gritarnos.

- Hablarnos de forma despectiva.

- Insultarnos.

- Criticarnos en público y en privado.

- No cuidarnos.

- Ignorarnos.

- No comprometernos a nivel emocional.

- Cerrarnos emocionalmente.

En el fondo, es lo que podríamos resumir con un «tratarnos mal» o un «faltarnos al respeto» en sus múltiples formas.

Una vez hayamos dibujado y consensuado las líneas rojas de la relación, será más fácil detectarlas en el caso de que surjan. Si ocurre, deberemos abordar por qué han aparecido: si lo hacemos los dos miembros de la pareja o si una de las personas cruza más líneas rojas dentro de la relación. Tendremos que buscar los motivos o incluso, si es necesario, pedir ayuda profesional, a nivel de terapia personal o de pareja.

No es fácil dejar de cruzar líneas rojas cuando hemos visto que se hacía en nuestro entorno y, por lo general, sucede a menudo en muchos ámbitos, también en el social y en el político, por ejemplo.

Por eso, de alguna forma, se han acabado normalizando formas de tratarnos dentro de una relación de pareja que para nada son sanas. Tenemos que reeducarnos y desaprender viejas maneras de tratarnos en la relación de pareja que en absoluto son admisibles en la actualidad. Tampoco lo eran antes, pero se normalizaron. Es hora de dejar de normalizar el hecho de cruzar líneas rojas por eso de que «La confianza da asco, y cuanto más cercanos somos, peor nos tratamos». No, las personas cercanas deberían ser aquellas a las que mejor tratáramos y las que mejor nos trataran a nosotros.

Ya lo hemos hablado, pero insisto porque es importante: pregúntate si sientes que mereces que te traten bien, porque muchas veces nos cuesta poner límites o parar a personas que cruzan líneas rojas porque en el fondo creemos que es el mejor trato del que somos merecedoras. Minimizamos la gravedad de los hechos y aceptamos un trato despectivo, desagradable y para nada asertivo como algo normal, porque seguramente ya nos han tratado así antes.

Recuerda que, para amar a tu pareja de una forma sana, tienes que empezar por amarte de la misma manera, y esto implica poner límites, respetarte y cuidarte. Todo empieza en ti. Date el amor que quieres recibir de los demás y el que quieres dar.

TE PROPONGO...

¿Crecemos juntos?: Te propongo que te reúnas con tu pareja y os preguntéis si vuestra relación os aporta crecimiento personal y en pareja. Hablad de si creéis que estáis estancados, de si sentís que os dais lo que necesitáis, de si seguís queriendo hacer el camino juntos... En caso de que penséis que no estáis creciendo tanto como os gustaría, detectad el porqué: ¿el día a día os impide más evolución juntos? ¿Os falta tiempo en pareja? ¿Hay elementos externos o circunstancias que os impidan crecer como querríais? ¿Uno de los dos está satisfecho con lo que tiene en esta relación y el otro no? Abordadlo sin reparo ni miedo. Solo cuando somos francos y mostramos las partes vulnerables de la relación podemos hacer algo para cambiarlo.

Carta de compromiso: Escribe una carta con tu compromiso en cuanto a la relación de pareja, pero también contigo. ¿A qué te comprometes con el otro y contigo? Hacer tu compromiso consciente y escribirlo le da fuerza y valor, y ayuda a tenerlo más presente. Guarda la carta y léela de vez en cuando, como recordatorio y para ayudarte a enfocarte más en la relación.

Recorre el camino: Busca un lugar que te guste en la naturaleza, donde haya algún sendero que seguir. Recórrelo durante un rato y fíjate en el paralelismo con las relaciones. Los caminos casi nunca son rectos: hay curvas, suben, bajan, a veces te encontrarás troncos u obstáculos que deberás sortear, pero… ¿qué te aporta este camino? Un buen paisaje, salud, un rato de diversión… Las relaciones de pareja tampoco son rectas, pero podemos aprender y disfrutar mientras las vivimos. Sigue ese sendero respirando conscientemente y conectando con tu relación de pareja. Relativiza las curvas, las bajadas, las subidas… y quédate con el amor, el aprendizaje y el camino de vida que supone para ti y para tu pareja. Da las gracias y, cuando termines de caminar, haz unas respiraciones profundas y conecta con el entorno y contigo.

Revisa el camino: Hablad de cómo veis vuestro camino: ¿ha habido muchos obstáculos? ¿Eran externos o propios de la relación? ¿Os sentís equipo y hacéis frente común cuando vienen las dificultades, o desconectáis y os aisláis, aumentando el sentimiento de desunión y soledad? Detectad las debilidades y marcad un rumbo para superarlas.

El estado de salud de la relación: Te animo a que reflexiones a nivel individual y luego en pareja. Pregúntate: ¿tenemos una relación sana? ¿Cuándo aparecen las dinámicas o los comportamientos tóxicos entre nosotros? ¿Cuáles son? ¿Por qué creemos que aparecen? Personalmente, ¿me recuerdan a algo? ¿Y a mi pareja? Una vez detectados, fijad la forma de eliminarlos. Avisaos cuando aparezcan y prestadles cada vez más atención.

Líneas rojas: Reuníos y haced una lista de las líneas rojas que no queréis cruzar en vuestra relación de pareja. Detalladlas bien para que quede claro y que las faltas de respeto sean más fáciles de detectar en momentos de tensión o conflicto. Decidid también cómo os avisaréis de que se están cruzando líneas rojas. Si tenéis una palabra clave, conectadla con esta lista para que los hijos, por ejemplo, no se enteren de que os estáis llamando al alto.

Amor propio: ¿Qué tal vas de eso? ¿Sientes que te quieres? Date un momento a solas y conecta contigo. Plantéate estas dos preguntas, cierra los ojos y conecta profundamente con tu esencia. Escucha las respuestas. Si son que no te quieres y que en cuanto a amor propio vas mal o regular, ponle atención y dedícate escucha, tiempo y cariño. Te lo mereces. Priorízate y márcate citas en tu agenda para estar solo contigo y hacer algo que te llene.

RESUMEN

✓ Las relaciones de pareja más exitosas son aquellas en la que las dos personas tienen la sensación de que están conectadas, que crecen y evolucionan juntas. Aprender de lo que vamos viviendo y crecer juntos es la mejor medicina para vivir una relación de pareja sana y gozosa.

✓ A veces lo que falla es el compromiso con la relación, y es importante que los dos miembros de la pareja tengan claro a qué se comprometen, que hablen de ello y lleven su compromiso a cabo. La falta de compromiso frustra y complica el desarrollo de la relación.

✓ Las relaciones de pareja tienen vaivenes, curvas y altibajos. Lo importante no es que sigan un camino recto, sino que, cuando vengan momentos y situaciones de reto, tengamos la suficiente comunicación y herramientas para superarlos.

✓ A veces, en la relación de pareja, caemos en dinámicas tóxicas que nos cuesta detectar porque las hemos normalizado o las vivimos en casa durante la infancia a través de nuestros adultos de referencia. Detectar esas dinámicas o comportamientos tóxicos es esencial para erradicarlos.

✓ Para tener una relación de pareja sana es importante dibujar las líneas rojas, es decir, qué no queremos que suceda y no vamos a permitir. Si lo tenemos claro, será muchísimo más fácil detectarlas y eliminarlas. Recuerda que todo empieza en ti: amaros de una forma sana y trataros bien mutuamente pasará por amaros y trataros bien a vosotros mismos.

7

Cómo estar juntos y ser felices

Hacía un mes que Juan había empezado a ir a terapia. Le había costado un poco tomar la decisión y el primer día estaba nervioso. Su terapeuta era un hombre de mediana edad, calvo y muy amable que, durante la entrevista para ver si lo que buscaba Juan era lo que él podía ofrecerle, le cayó bien enseguida. «Pero una cosa es que alguien te caiga bien y otra muy distinta contarle tu vida y tus mierdas», pensaba Juan. En la primera sesión profundizaron poco. Le habló de la intensidad de los últimos años, de los patrones propios que se repetían en la relación con Dolo y que quería eliminar, de sus miedos con la crianza de Bruno y poco más. La hora pasó volando. Cuando en la tercera sesión su terapeuta le dijo «Háblame de tus padres», supo que ahí empezaba el mambo. Aunque hubiera intentado esconderlo durante los primeros encuentros, sabía que entrarían, y si pagaba el coste de la sesión era para aprovecharla, así que se zambulló sin miedo.

Dolo notó los cambios al instante. Pero no porque hubiera pasado nada extraordinario en la terapia los primeros días, sino porque el hecho de que Juan quisiera tomar cartas en el asunto la hacía feliz y sentía que, desde entonces, estaban más conectados. Era la satisfacción de saberse haciendo algo para mejorar su día a día. Porque Juan no era el único que había decidido implicarse. Dolo había empezado un curso de escritura automática que le estaba sirviendo para conocerse mejor y ver qué necesidades personales no estaba atendiendo.

A medida que cada uno se ocupaba de sus propios retos, más ganas tenían de compartir los avances y momentos de vulnerabilidad que también venían a ellos. No era fácil limpiar cada cual su jardín, pero estaban haciéndolo. Sin embargo, les quedaban temas que no podían abordar de forma individual, sino que se necesitaban cuatro manos: sus tensiones con la crianza.

—Es que, Dolo, no puedes pretender que haga las cosas como tú, es imposible, somos distintos.

—Vale, Juan, si ya lo sé, pero, jolín, un poco de ir a una no estaría mal. Si ves que valido sus emociones, no vengas tú luego y le digas «O paras ya u hoy te quedas sin cuento». Eso nos desconecta a ti y a mí, y a ti te desconecta de él.

—No lo pintes así, no soy tan chungo, Dolo.

—Que no es un tema de ser chungo o no, es que a veces tú vas por un lado con Bruno y yo por otro, y esto no puede ser. Los dos tenemos que hacer algo.

—Vale, ¿y qué hacemos?

—Pues, para empezar, hablarlo en otro momento, porque ahora está a punto de salir del cole y voy a llegar tarde. No sé, tenemos que buscar espacios para hablar de ello con calma, no así, como ahora, en plan discusión. Yo no quiero discutir contigo.

—Ni yo tampoco.

—Pues no sé, quedemos.

—¿En plan cita? —Juan ya estaba pensando en otras cosas…

—En una cita no se habla de crianza, es de primero de hijos —se rio Dolo—. No, quedemos, pero para hablar en serio de estos roces que tenemos día sí y día también. Es muy cansado, ¿no crees?

—Ya, pero no sé… Cuesta mucho que lo hagamos igual.

—No es hacerlo igual, es ir a la par, con el mismo objetivo y desde los mismos valores…

—Vale, pues venga, quedemos y hablemos.

—Esta noche, después de acostarle.

—¿Y no te quedarás frita con él?

—Intentaré que no, pero si me quedo frita ven a despertarme. Si quedamos, quedamos.

—Ok. Pues compraré algo para que sea todo más llevadero.

—Eso, y que tenga chocolate.

Dolo le dio un beso en los labios y se fue corriendo a buscar a Bruno.

Horas más tarde, ella tuvo que hacer un gran esfuerzo para no quedarse dormida junto a su hijo. Esa noche le había costado horrores, y Dolo llevaba casi una hora a su lado entre cuentos, mimos, masajes y silencio. Intentó salir de la habitación a lo ninja, descalza y sin hacer ruido. Ya fuera, se aseguró de que Bruno no se hubiera despertado y fue al salón, donde Juan la esperaba con un brownie y un vasito con limoncello.

—¿Limoncello? ¿Y eso?

—Yo qué sé, quería hacerlo especial y no tenemos nada más en esta casa tan saludable. ¿No lo quieres?

—No, vale, un poco sí, pero no mucho, que luego duermo como el culo.

—¿Y ahora qué?

—Ahora hablemos.

—Qué raro, solos, sin Bruno interrumpiéndonos —dijo Juan, que no sabía cómo había que empezar esa conversación que seguro que sería incómoda.

—Si quieres lo despierto y que venga, ¡ja, ja, ja…!

—Ni de coña. Me encanta estar solos. Si parece que la última vez que pudimos hablar bien fueron esas veinticuatro horas del regalo de mi hermana en aquel hotel. Y de eso ya hace cinco meses. Qué puto drama.

—Un poco, la verdad. Bueno, venga, al lío, que no se despierte. ¿Me das un trocito de brownie? Gracias. —Dolo le dio un bocado y siguió—: Mira, Juan, creo que lo más importante de hoy es que hablemos de esas cosas que pasan casi cada día y que son muy pesadas.

—¿Como qué?

—Como lo de esta mañana, cuando Bruno no quería vestirse porque estaba cansado. Yo estaba intentando trampear la situación jugando y tal y has venido y le has dicho: «¡Siempre haces lo mismo! ¡Remoloneas todo el rato! ¡Vístete de una vez!». Joder, lo estaba gestionando yo.

—Pero es que tiene tres años y medio, Dolo —dijo Juan mientras ponía los ojos en blanco como para indicar que ya lo veía mayor para hacer según qué.

—Pues por eso, es un crío. ¡Hace nada era un bebé! Y tú no quieres que remolonee. ¿Qué va a hacer, comportarse como un adulto?

—Yo qué sé, es que a veces me da miedo que lo estemos sobreprotegiendo.

—Vale, pues ese es tu miedo, abórdalo en terapia. Pero aquí lo mantienes al margen, porque luego te asaltan los temores, dices cosas sin sentido y tiras por tierra todo lo que estaba haciendo yo.

—Es que os veo tan conectados... Siempre te prefiere a ti, y eso me cabrea. Conmigo, si tú estás, monta unos pollos... Pero cuando estamos solos va todo como la seda, y eso me desconcierta.

—Lo sé, y no tiene que ser nada fácil para ti con lo mucho que lo quieres, pero es solo una etapa que pasará y un día serás su héroe. De hecho, ya lo eres en muchos momentos. No dejes que tus miedos o tu inseguridad acaben afectando a la crianza.

—Es difícil que te cagas.

—Lo sé, para mí también, pero tenemos que prestar más atención a esos momentos, porque al final acabamos discutiendo tú y yo y damos una imagen pésima a Bruno.

—Ya, me doy cuenta, pero cuando ya ha pasado.

—Y otra cosa: ¿puedes, por favor, leer algo de lo que te paso? Es información que te vendría superbién saber, y si te la cuento creo que al final te acabas molestando porque sientes que te estoy diciendo que tú no lo haces suficientemente bien, y no es eso.

—Ya, pero es que me da pereza. Me gusta leer otras cosas, no sobre temas de niños y educación. Me parece muy aburrido. Sé que es importante y quizá sí que debería informarme un poco más, pero me viene a la mente mi época de estudiante, cuando me decían «Léete esto» y me daba un palo que te mueres. Cuando insistes, me recuerdas a mi madre. —Juan dijo lo último más despacio, temiendo que Dolo se enfadara.

—Pues no soy tu madre, y hemos crecido. Tenemos que ser responsables, y si te remueve lo que te paso para que te leas ya no lo haré más, pero luego infórmate, ocúpate de buscar lo que sientes que necesitas para hacer las cosas más alineadas en casa.

—Ok. Hagamos una prueba: tú no me das órdenes en cuanto a qué me tengo que leer y yo me pongo las pilas y también saco en terapia lo mucho que me remueve cuando me dices lo que tengo que hacer o lo que no hago bien, que seguro que me ayudará.

—Me parece genial.

—¿Lo dices de verdad o con retintín?

—Lo digo de veras, lo que pasa es que no sé si lo conseguiremos… Andamos con nuestros patrones, que nos salen cuando menos lo esperamos y son tan jodidamente difíciles de erradicar…

—Pero podremos, Dolo. Tú y yo podremos. Por Bruno.

—Hagámoslo primero por nosotros, para sanar nuestras heridas… y revertirá en él en positivo.

—Vale, pues por nosotros y por él. Brindo por eso.

—Venga, trae ese limoncello, a ver si no está caducado…

—Pues podría ser, no lo descartes.

—¿Te he dicho que te quiero, Juan?

—Hoy no, y la verdad es que ya estaba echándolo de menos.

—Te quiero.

—Yo más.

—Puede ser.

Y se abrazaron entre risas y besos. En ese momento tuvieron claro que lo que habían hecho esa noche —hablar sin interrupciones y de verdad— tenían que repetirlo, al menos, una vez a la semana.

En mi vida como madre y profesional acompañando a familias, me he ido dando cuenta de que, para gozar de cierto equilibrio y bienestar, hay tres pilares que necesitan estar bien asentados y que deben tenerse en cuenta y cuidarse:

1. **Pilar personal.** Necesidades, bienestar, vida profesional, realización personal, intereses, salud, etc.

2. **Pilar pareja.** Relación de pareja, vida juntos, sexualidad, intimidad, comunicación, necesidades de la relación, etc.

3. **Pilar familia.** Aquí estamos los dos y los hijos. Es la familia nuclear, y no entran otros familiares. En este pilar debemos tener en cuenta qué nos funciona como familia, qué necesidades tienen los niños, cuáles son sus edades, organización, conciliación, etc.

Los tres pilares están interrelacionados y se necesitan para que haya equilibrio. Es decir: si el pilar personal no goza de buena salud porque no tengo en cuenta mis necesidades, estoy desconectada de mí misma, paso por un mal momento profesional, etc., es probable que acabe afectando al pilar pareja y al pilar familia. Los niños y la pareja lo notan —y lo pagan, a veces—, y aparece el desequilibrio.

Cuando el pilar pareja está mal, acaba afectando al pilar personal y al pilar familia. Al personal, porque nos planteamos qué está ocurriendo, nos sentimos mal con el otro y en ocasiones afloran las inseguridades. Surgen posibles discusiones y malestar. Los niños captan la falta de sincronía y buen rollo, y manifiestan muchas veces lo que los adultos no expresamos en forma de malestar, llamadas de atención, etc., porque se sienten inseguros. El pilar pareja, por lo tanto, acaba afectando al pilar personal y al pilar familia.

Del mismo modo, cuando los niños no están bien —etapa del

inicio escolar, virus continuos, enfermedades, mal comportamiento, etc.—, acaba pasando factura al pilar pareja y al pilar personal. Estamos más cansados, pueden aparecer más discusiones en la pareja y preocupación y estrés que nos afecta a nivel personal.

Así pues, es importante revisar la salud de estos pilares en nosotros para ver dónde hay más malestar y cuál es el pilar fuente de desequilibrio en nuestra vida. Muchas veces, cuando planteo esta pregunta a las parejas, me cuentan que los pilares que tienen menos salud son el pilar personal y el pilar pareja. Digamos que toda su atención se centra en los niños, la familia, la organización familiar…, pero muchas veces se descuidan a ellos mismos y a su relación de pareja, lo que provoca un malestar que los niños captan y expresan. Entonces los padres ponen más atención en los niños y se desconectan de sí mismos, entrando en un círculo vicioso que muchas veces no son capaces de detectar ni de desenredar.

Es normal que, cuando tenemos bebés, pongamos el foco en el pilar familia. Es lo nuevo, nos necesitan muchísimo y somos inexpertos en esto, así que este pilar requiere toda nuestra atención. Pero, a medida que van creciendo, es importante que tengamos en cuenta los otros pilares porque, si no, acaban pasando factura.

Después de ser madre me centré en el pilar familia, que en ese momento era el más importante para mí. Pasados los años de puerperio y crianza intensiva, me fui dando cuenta de que, para estar bien con mis hijas, necesitaba sentirme realizada y estar bien conmigo y con mi pareja, así que empecé a poner más atención en los dos otros pilares. Es un trabajo de equilibrios, y a veces nos perdemos y tenemos que revisar la salud de nuestros pilares. Pero, sin duda, si los tenemos en cuenta, es más fácil volver a encauzarlos en caso de desequilibrio.

Ten en cuenta, pues, que los pilares son vasos comunicantes. Cuando veas que uno se tambalea, comprueba por qué, averigua qué ha ocurrido últimamente y por qué presenta dificultades. A veces un pilar está mal de salud porque es con el que tenemos más problemas: por ejemplo, el personal, porque quizá sentimos que no nos merecemos darnos tiempo o satisfacer nuestras necesidades, escucharnos, respetarnos, poner límites…, y esto acaba afectando a los otros pilares porque ahí hay algo nuestro que necesita verse y atenderse.

A veces el pilar que falla es el de pareja y acaba afectando a los otros dos. ¿Por qué? Porque la base de la pareja es insuficiente y está llena de fisuras: no compartimos valores, hay faltas de respeto continuas por unos patrones que no hemos revisado ni sanado… En estas condiciones, es muy difícil llevar una vida familiar feliz, sana y equilibrada, además de sentirnos realizados a nivel personal. Digamos que la insatisfacción en la pareja acaba colándose a nivel personal y familiar.

Te animo a que hagas el ejercicio que tienes en el apartado «Te propongo…». Puede ser revelador y ayudarte muchísimo a poner manos a la obra para conseguir ese equilibrio tan anhelado y que, sin duda, mereces.

Pilar personal

Ya te he dicho que este capítulo es muy práctico. Tiene como objetivo ofrecerte acciones con las que veas resultados en tu vida diaria, así que vamos allá. No se puede estar bien con los demás si no se está bien con uno mismo. Es muy difícil llegar a tener una conexión profunda y de verdad con otra persona si no existe a nivel personal. Lo mismo sucede con el amor: cuesta muchísimo amar de verdad e incondicionalmente a otra persona cuando no sentimos ese amor hacia nosotros mismos.

Esto tan básico y casi de lógica falla en muchísimas personas porque no nos han enseñado a amarnos ni lo hemos visto en nuestros adultos de referencia. Luego hay otra idea perversa: hemos integrado, en especial las mujeres, que, cuando nos tenemos en cuenta, somos egoístas. Respetarnos, amarnos, escucharnos y tenernos en cuenta no es ser egoístas, sino darnos lo que necesitamos para estar bien porque lo merecemos, porque merecemos, al menos, tratarnos bien.

El patriarcado se ha cebado en las mujeres en este sentido, y muchas sienten que tener en cuenta el pilar personal es dejar de lado a sus parejas o hijos, y para nada. Yo también me sentí egoísta cuando empecé a notar que necesitaba espacios sin una niña pequeña pegada a mí, ducharme tranquila, que a veces quería ir a tomar algo con una amiga para hablar sin interrupciones o que me apetecía estar a solas con mi pareja. ¡Qué culpable me sentí! Y después pensé: «Pero ¿qué estoy haciendo mal? ¿Por qué me siento culpable?». Luego me di cuenta de que no estaba haciendo nada mal y que mi sentir era legítimo. Tenía todo el derecho a sentir todas esas sensaciones y emociones y, si las sentía, debía escucharlas y atenderlas.

Reconocí las creencias arraigadas que tenía sobre el papel que supuestamente debía representar como madre y mujer... muy arcaico todo, pero muy calado dentro. También reconocí mis patrones heredados: me debatía entre lo que había visto en mi abuela —entregada al hogar— y mi madre —entregada a su profesión—. ¿Qué quería yo? ¿Cómo encontrar el equilibrio entre verme realizada como mujer y profesional y, al mismo tiempo, sentir que estaba presente con mis hijas y que me sentía bien conmigo? Conseguirlo pasó por hacer muchos cambios internos (creencias, patrones...) y externos (dejar mi antiguo trabajo, etc.). Fue un curro del copón, un trabajo de crecimiento personal que siento que sigo andando hoy en día. Porque escucharse, respetarse y alinear lo que una piensa, siente y hace no es fácil. Aun así, lo tengo presente para no alejarme del camino y seguir valorando y cuidando mi pilar personal.

No quiero verter en mi pareja o hijas la responsabilidad de hacerme feliz o de estar bien. Es mía, y la asumo. Quiero hacerlo por mí, llevar las riendas para darme lo que necesito a nivel de escucha, respeto, realización profesional u otras cosas que me ayudan a estar bien, como hacer deporte, y quiero compartir mi bienestar con los míos. De esa manera, no solo los libero de la carga de hacerme feliz, sino que además puedo servirles de espejo para que también se hagan responsables y vean que está en su mano darse lo que necesitan para estar bien.

Te recomiendo que te plantees estas preguntas para revisar tu pilar personal:

- ¿Soy feliz? ¿Lo he sido alguna vez? ¿Cuándo? ¿Cuándo dejé de sentirme feliz?

- ¿Sé qué necesito para estar bien? ¿Me lo doy? ¿Siento que me escucho y me respeto?

- ¿Qué me impide darme lo que necesito?

- ¿Qué patrones he heredado en este sentido? ¿Mi madre o mi padre se tenían en cuenta a ellos mismos, se respetaban y se cuidaban?

- De peque, ¿noté que me hacían responsable de su felicidad o infelicidad?

- A nivel profesional, ¿me siento realizada?

- ¿Qué cosas que me hacen feliz he dejado de hacer desde que tengo hijos?

- ¿Qué echo de menos?

- ¿Cuido mi cuerpo? ¿Me siento bien en él? Si la respuesta es no, ¿qué puedo hacer para cambiar eso?

- ¿Cómo pienso: en negativo o en positivo? ¿Soy consciente de mis pensamientos? ¿Me boicotean o me animan?

- ¿Cómo me siento? ¿Valido y atiendo mis emociones o, al contrario, las reprimo y escondo?

- ¿Me relaciono con personas que me aportan o que me drenan la energía? En el segundo caso, ¿por qué me relaciono con personas así?

- ¿Sé poner límites o me cuesta? En este segundo caso, ¿por qué siento que me cuesta? ¿De qué tengo miedo?

Responder sinceramente a todas estas preguntas te dará pistas de hacia dónde tienes que empezar el trabajo para fortalecer y cuidar tu pilar personal. Recuerda hacerlo por ti, pero también porque, si este pilar no tiene una buena base ni es sólido, su malestar se colará, como un buen vaso comunicante, en los pilares pareja y familia.

PILAR PAREJA

Pasemos a lo práctico: ¿qué podemos hacer para que este pilar goce de buena salud y de una base sólida? Más allá de lo que ya te he contado a lo largo del libro —observar patrones, creencias, cómo empezasteis, etc.—, hay otras cosas que pueden hacer que este pilar se asiente mejor, y ahora mismo te las voy a contar. Uno de los aspectos que más echan de menos los padres de niños pequeños es la falta de tiempo para gozar en exclusiva en pareja, conversar sin interrupciones, etc.

El encuentro semanal

Por eso hay que abordar este tema si queremos tener una mejor relación de pareja. Pero claro, esperar a que se produzcan las situaciones que deseamos es complicado, porque quizá pase de uvas a peras, así que hay que crearlas. Ya hemos visto que Juan y Dolo quedaban para hablar cuando Bruno dormía, así que te propongo que hagáis lo mismo. Fijad al menos un día a la semana en el que ninguno se quede dormido con los hijos y reservad un espacio de tiempo de calidad para vosotros. Os recomiendo la noche del viernes o del sábado, en caso de que libréis los fines de semana, porque, de esta forma, si la conversación se alarga y os acostáis tarde, al día siguiente podréis dormir si los hijos os dejan, o al menos echaros una siesta.

El objetivo de este encuentro semanal es ofreceros la mirada que quizá no hayáis podido dedicaros de lunes a viernes. Es reservar un tiempo para charlar de todo y tanto rato como queráis, sin interrupciones, durante un tiempo de calidad. En estos encuentros, no solo os pondréis al día sobre temas que quizá la rutina y las prisas hayan impedido que os contéis, sino que, además, podréis comentar lo que no ha funcionado durante la semana: si es necesario organizaros de otro modo, si han cambiado las necesidades familiares, si ha habido conflictos en la crianza que haya que comentar y resolver, es el momento.

Os animo a que preparéis el terreno para que os sintáis motivados y tengáis ganas de encontraros. Comprad algo de comida que os guste, y ese día, excepcionalmente, no cenéis con vuestros hijos. Reservaos para vuestro encuentro en pareja. Digamos que es una especie de cita sin necesidad de canguro para que cuide de los niños porque os quedaréis en casa. Todos sabemos lo complicado que es conseguir canguro algunos días —hay familias que lo tienen fácil con los abuelos u otras personas ultradispuestas y disponibles, pero las hay que no—, así que no podéis esperar a que suceda. Quedad y tened vuestra cita en casa, disfrutando de una buena cena juntos, una conversación larga y tranquila, y, luego, lo que surja.

El objetivo es crear el espacio para estar juntos y presentes, y que, así, podáis conectar. Además, cuando no se puede hablar de lo que va sucediendo —los pequeños conflictos o roces—, estos se magnifican y se repiten. Si reserváis espacios para abordarlos, buscándoles solución y entendimiento, tendréis la sensación de equipo y de trabajar desde unos valores y propósitos en común. Cuando no podemos conversar porque no nos vemos, lo hacemos al irnos a dormir o mientras miramos el móvil, es difícil sentirnos conectados y que hallemos soluciones a los problemas del día a día.

Te estoy proponiendo un encuentro donde podáis mostraros vulnerables y acompañaros en vuestro sentir, contarle al otro qué os pasa por dentro, qué necesitáis, etc., y acompañar a vuestra pareja y sostenerla, si es necesario. En una relación de pareja sana y fuerte, no hay miedo a la hora de abordar temas incómodos y afrontarlos juntos. Al contrario, se crean espacios para conectar y seguir avanzando.

La cita

Lo que te he planteado quizá haya sonado muy poco romántico. Normal, porque no son este tipo de encuentros. Es decir, podéis hacerlo más sentimental si le ponéis ganas, motivación y empeño, pero, como ya te he dicho, será para poneros al día y hablar de todo, es decir, también de lo incómodo. Además, no olvides que tus hijos duermen al lado, así que bueno, mucha rienda suelta a las pasiones quizá no les podáis dar: se despertarán cada tanto o tendréis que guardar silencio. *You know...*

Lo que te propongo ahora sí que es una cita con todas las de la ley, un encuentro fuera de casa que requiere de canguro que cuide de vuestros hijos, y en la que vosotros, durante un rato, podáis conectar desde el ocio y el disfrute. Aquí os invito a que hagáis lo que os guste: salir a cenar a un restaurante que os encante, ir a caminar hasta ese lugar que significa tanto para vosotros, salir a bailar, practicar la afición que compartís y que ahora podéis hacer tan poco a menudo...

En la cita, evitad hablar de temas que os alejen del gozo y el placer. Recuerda que tenéis encuentros semanales para hablar de todo, así que reservad la cita —que requiere de canguro y que, por lo tanto, será menos a menudo— para disfrutar de vuestra presencia y conexión juntos. Nada más. No saquéis temas de crianza, de conflictos, de los suegros, de lo que os comentó la maestra... Ya lo hablaréis mañana, si es necesario. Todo eso puede esperar unas horas, así que, por un rato, dedicaos a conectar desde el disfrute. Si no, puede que os carguéis la cita y, para un día que salís, no querrás que termine sin gozo y con caras largas.

El objetivo de la cita es, de alguna manera, que volváis a sentiros novios y que os enamoréis de nuevo cada vez que quedéis. Preparadla bien, calentad el ambiente con mensajes, buscad las actividades con las que más disfrutéis para, a la vuelta, sentiros más unidos que al salir de casa.

Da igual lo que hagáis: cada pareja tendrá las citas como quiera, porque a unos les gustará quedar de noche, a otros hacer deporte (que es quizá la actividad que compartían cuando empezaron a salir), etc. No importa, mientras os ofrezca placer, diversión y disfrute.

Tanto con los encuentros semanales como con las citas (mensuales, quincenales o menos a menudo) os estaréis diciendo: «Lo que compartimos nos importa a los dos, y por eso lo cuidamos, porque no queremos perder la conexión ni distanciarnos. Nos damos el tiempo y la atención que necesitamos porque nos amamos y lo merecemos». Muchas veces, al tener un propósito común y un objetivo claro en cuanto a cómo cuidarnos y qué hacer al respecto, nos cuesta menos llevarlo a cabo.

A veces es siempre la misma persona la que organiza la cita o cuida los encuentros semanales, y esto acaba siendo fuente de conflicto porque le hace sentir que siempre tiene que tirar del carro. Si esto ocurre, habrá que hablarlo. Hay personas que no tienen ningún problema en organizar estas citas porque lo disfrutan, lo desean y tienen más facilidad. En cualquier caso, comunicaos, comentad cómo os sentís con estos encuentros y estas citas, hablad de lo que necesitáis, de lo que os gustaría y de cómo llegar a conseguirlo. Al final, cada pareja tiene que encontrar su fórmula para no desconectarse ni distanciarse. Si los encuentros semanales y las citas os ayudan, genial, y si no es vuestra fórmula, no pasa nada. Estoy convencida de que encontraréis la vuestra.

Escapadas con perspectiva

En otras ocasiones necesitamos alejarnos de nuestro día a día para tener más perspectiva y visión del lugar de donde venimos y de hacia dónde queremos ir. Te propongo que, a lo largo del año, montéis alguna escapada que conlleve noches fuera. Si tenéis hijos pequeños y os cuesta encontrar a alguien que se quede con ellos, estas escapadas serán más esporádicas y difíciles de conseguir, pero, si tenéis la posibilidad, valorad hacer por lo menos un par al año. Estas escapadas os permitirán no tener que cuidar de nadie más que de vosotros, y esto significa descansar no solo de la responsabilidad de cuidar —que a veces es muy dura—, sino también a nivel físico y nocturno. Es decir: DORMIR. Además, tendréis muchas horas para hablar sin interrupciones y la posibilidad de hacer actividades que, con hijos, no son posibles y os gustan.

No es lo mismo mirar la vida mientras estáis en casa, durante los encuentros semanales, con los hijos durmiendo en la habitación de al lado, que si pasáis un fin de semana fuera delante de un buen paisaje. Se ve distinto. Podéis respirar, descansar, tomar distancia y, a veces, lo que os parecía un problema, con la perspectiva que da todo eso, ya no se ve igual. Y al revés, en ocasiones, cuando nos alejamos de la realidad, vemos qué reto tenemos por delante.

Cuando imparto los retiros de pareja de fin de semana, veo que a todo el mundo le va cambiando el cuerpo a medida que pasan las horas. Llegan tensos y más bien serios: acaban de dejar a los hijos con quien los cuidará esos días, quizá hayan tenido que correr, se hayan estresado... Pero a medida que avanza el sábado se les va relajando la expresión. Salen a caminar por el bosque, comen juntos, charlan, crean espacios de intimidad… Por la tarde ya están muchísimo mejor. Pero es que, al día siguiente, después de dormir toda la noche sabiendo que no tendrán que atender a ningún niño despierto, el cambio es brutal.

Cuando les pregunto, me suelen decir: «Nos hemos ido relajando y, uf, ha salido mucho cansancio. Hemos visto que vamos a un ritmo trepidante que tenemos que bajar» o «Hemos podido hablar largo y tendido y hemos descubierto que el problema que tenemos por delante es X. Y aquí, con tiempo para hablar y con perspectiva, lo hemos visto claro».

Cuando algo me preocupa, voy a un lugar alto que me dé perspectiva, normalmente a alguna zona desde donde vea Montserrat. Me gusta tener esa vista delante porque me ayuda a tomar distancia de lo que me agobia y contemplarlo desde otro prisma. Si estamos demasiado cerca, no lo vemos. Así que estas escapadas, además de ayudarnos a descansar y a conectar juntos, también nos permiten ver cosas que, de otra forma, no somos capaces de identificar.

Mi pareja y yo, cada vez que volvemos de una escapada, decimos eso de «Tenemos que hacerlo más a menudo, qué bien nos sienta», porque no falla: volvemos conectados y renovados. Luego la realidad ya se encarga de decir si se podrá hacer más o menos. A veces la logística no es fácil, pero que sienta bien y que puede ayudar muchísimo a fortalecer el pilar pareja está clarísimo. Mirad si podéis organizar de vez en cuando una escapada y vividla como un *reset*, un momento de toma de distancia para valorar el camino recorrido, ver hacia dónde queréis ir como pareja y como familia, y tomar decisiones sobre qué hacer para conseguirlo. Ojalá sean puntos de inflexión para que vuestra pareja suba un peldaño más.

Antes de cerrar este tema, quiero insistir en un punto: quizá no sientes que necesitas o quieras una escapada porque crees que tus hijos te echarán de menos, y tú a ellos. A lo mejor, por edad, no estáis preparados para separaros una noche entera, un día o dos. Respeta tu sentir y no te vayas de escapada si crees que no podrás disfrutarla. Tu sentir va siempre primero, antes que cosas que decimos o recomendamos los demás. Escucha a tu sabiduría interior.

Los hijos quizá no lo pondrán fácil

Si esperas hacer todo esto (en especial las citas y las escapadas) y que tus hijos te animen y se queden ultrafelices cada vez que os vayáis, igual te salen canas. Sí, los hay que no tienen ningún problema con que sus padres salgan a cenar o se vayan de fin de semana y que ellos tengan que quedarse con los abuelos o los primos, pero a otros niños no solo no les parece bien: ¡se indignan! Dependiendo de la edad, lloran, patalean, se enfadan o se ponen supertristes porque sienten que se quedan solos si sus padres se van. Es normal. Sois sus figuras de seguridad y apego, y que os marchéis juntos y encima sin ellos hace tambalear sus cimientos. Pero no los estáis dejando debajo de un puente, no. Los estáis dejando con personas que los aman y que los cuidarán muy bien. Además, estrecharán vínculos y verán, una vez volváis, que lo han superado, que quizá lo han pasado superbién, y que sus padres han vuelto y no ha pasado nada malo.

Si son pequeños, no pretendas que entiendan que necesitáis tiempo y espacio para fortalecer la relación de pareja. No tienen edad para comprender estas cosas, en especial si están en plena fase egocéntrica —de los dos a los seis años—. Digamos que pueden pensar: «¿Cómo se atreven a dejarme aquí, si soy el centro de su universo? ¿De qué van?» 😊.

Pero debéis tener perspectiva y un objetivo claro. Tenéis citas y escapadas puntuales porque os amáis, porque no queréis desconectaros y porque sabéis que, de esta forma, los otros pilares también se benefician, especialmente el pilar familia. Que os sintáis equipo favorece un ambiente agradable y sano en casa, y estaréis procurando bienestar a vuestros hijos. Así que, aunque duele ver que tus hijos lloran cuando te vas y no te dicen eso de «Que os lo paséis bien, hasta el domingo», es bueno que lo hagáis, si os apetece. Dejadlos con alguien que los adore y confiad en que los cuidará bien y que de ello se beneficiará también su vínculo. Me asombra ver que muchas parejas, cuando les pregunto cuándo fue la última vez que se marcharon un fin de semana solos, me responden: «Hace diez años», «Hace siete años»…

En ocasiones he visto que el hecho de que algunas parejas no se permitieran estas escapadas denotaba una falta de interés por estar juntos y solos. Es decir, los niños les servían para llenar espacios que habían ido quedando vacíos entre ellos. Eran pareja en tanto que padres, pero si quitabas de la ecuación a los hijos, ya no sabían qué hacer juntos. Para no llegar a este punto, que a menudo es de no retorno, mejor no aparcar las escapadas por mucho tiempo y mantener una dinámica de hacer actividades solos y disfrutarlas.

Os recomiendo que las vayáis adaptando a medida que lo veáis posible, es decir, a medida que vayan creciendo los niños. Al principio, en mi caso, ni se me hubiera pasado por la cabeza largarme sin mis hijas. Imposible. Pero fueron creciendo, y esos días a solas con mi pareja me resultaban un bálsamo y pura terapia que nos unía y nos ayudaba a seguir remando juntos. Escuchaos e id encontrando lo que necesitáis a cada paso y cómo dároslo.

Pilar familia

Nuestros hijos son, seguramente, las personas que más amamos en este mundo. Por lo tanto, si ellos no están bien, nosotros tampoco. En este pilar entramos todos los miembros de la familia nuclear, la crianza, la rutina, la organización, la conciliación familiar, etc. Hoy en día, las familias no lo tenemos nada fácil para gestionar los tiempos de trabajo y de presencia en casa, la economía, los quehaceres diarios, etc., y por ello muchas confiesan sentir un estrés y un malestar que es difícil de sostener. A su vez, la mayoría de los niños pasan demasiadas horas fuera sin la presencia de sus adultos de referencia, lo que a menudo les provoca muchísimo malestar que suelen expresar en casa, pero también en el colegio y en otros momentos.

El reto es mayúsculo, pero lo que está claro es que, cuando los niños no están bien, esto se contagia a los demás pilares, y, cuando a nivel familiar no hay armonía y bienestar, es difícil que el pilar personal y el pilar pareja sigan con buena salud. Así que voy a contarte qué puedes hacer y debes tener en cuenta para cuidar y preservar el pilar familia.

Necesidades cubiertas

Los niños tienen unas necesidades que, cuando no se cubren, hacen que aflore el malestar. Son cosas que necesitan de verdad, no caprichos. ¿Cuáles? Una de ellas, por ejemplo, pasar muchas horas con sus adultos de referencia. Cuando no es posible, es muy probable que los echen de menos y sientan un malestar que expresarán, sin duda, cuando lleguen. Pero no solo eso: los niños necesitan juego libre, movimiento, sentirse atendidos y escuchados, y, claro, tener sus necesidades básicas satisfechas: alimento, descanso, cariño, etc. El ajetreo de la sociedad en la que vivimos, que requiere de muchas horas de trabajo fuera de casa, a menudo pone en jaque algunas de las necesidades de la infancia, y eso pasa factura a nivel de malestar emocional y comportamientos disruptivos.

Es importante hacer un diagnóstico de qué creemos que se tambalea en este sentido:

- ¿Pasamos suficiente tiempo con ellos?

- ¿Jugamos con ellos?

- ¿Tenemos herramientas y se sienten escuchados y atendidos?

- ¿Duermen las horas que necesitan?

- ¿Se alimentan saludablemente o los atiborramos a azúcar?

- ¿Qué uso hacen de las pantallas? ¿Puede que estén sobreestimulados y pasados de vueltas por exceso de exposición?

- ¿Nos falta paciencia y, más a menudo de lo que nos gustaría, estallamos con ellos?

Ver qué sentimos que ocurre en casa a nivel de necesidades no cubiertas nos ayudará a tomar conciencia y pasar a la acción para crear un mejor ambiente.

Tiempo en exclusiva

En el caso de que tengamos más de un hijo, estos muchas veces acusan una falta de tiempo en exclusiva con cada uno de sus adultos de referencia. Están en familia pero juntos, lo que a menudo provoca un aumento de los celos, la rivalidad y las comparaciones entre hermanos. Como te he contado, los niños necesitan mucha mirada —sí, a veces parecen pozos sin fondo que quieren más y más y más— y esto es normal. Piensa que, en buena parte, construyen su yo a través de cómo los vemos y los miramos, y de la interacción con las personas más importantes para ellos: sus padres.

Cuando una pareja me consulta porque en casa sienten que hay peleas continuas entre los hermanos y les pregunto si el fin de semana suelen ir en *pack*, casi siempre la respuesta es «Sí». Y es normal: ¡queremos estar en familia después de semanas intensas en las que quizá nos hemos visto poco! Pero un hijo, a ratos, necesita otra cosa: estar solo contigo o solo con tu pareja para sentirse totalmente mirado y atendido, ser el centro, y crear una conexión que, de alguna forma, si estamos todos juntos, es más difícil que se produzca. Piénsalo: ¿no hay momentos en que deseas estar a solas con tu pareja para hablar tranquilos y que te preste toda su atención, sin andar respondiendo, a la vez, a las preguntas de los hijos? Pues ellos también lo necesitan.

Así que te propongo que vayáis en *pack* a ratos, pero que en otros momentos os dividáis. ¿Sabes aquello de «divide y vencerás»? No me gusta mucho porque parece que hable de una batalla y no lo es, pero cuando una familia se divide para hacer diferentes actividades todo suele ser más fácil. No hay que hacer grandes cosas: uno sale con un hijo a comprar, al parque o a hacer un recado y la otra persona adulta se queda con el otro hijo o hijos haciendo una actividad distinta en casa. Más tarde, los ducháis de forma individual, charlando sin interrupciones, con atención plena. Luego os dividís para acostarlos, aunque les hayáis explicado un cuento a todos juntos... Se trata de combinar para gozar de ratos sin necesidad de rivalizar por quién va primero, sin necesidad de pelearse para llamar la atención de los padres, etc.

No conozco a ninguna familia de las que te contaba antes que, habiendo aplicado en su día a día ratos de tiempo en exclusiva con sus hijos, me haya dicho que no le ha funcionado o que no ha mejorado el ambiente en casa. Al contrario. Todas están maravilladas con los resultados. Es más, han podido comprobar que el ambiente mejora y que, si se despistan unos días y dejan de dar exclusividad, vuelven las peleas. Pruébalo, no tienes nada que perder.

Organización y planificación

Las familias sabemos el caos que supone no organizarse bien, y me refiero a hacerlo a todos los niveles. Hace años, cada domingo por la noche me reunía con mi marido para ver la semana que teníamos por delante y organizar la logística. Esto sucedió después de que más de una y de dos veces tuviéramos que hacer malabares porque nos coincidían temas de trabajo. Estoy hablando de recoger a los hijos, llevarlos y traerlos de las extraescolares (si las tienen), hacer la compra, preparar las comidas de la semana, poner las lavadoras, etc. O te organizas o mueres de estrés y de agotamiento, ¿sí o no?

Cuando no tenemos una buena organización, planificación y conciliación, acaban saltando chispas en casa, y esto afecta a la pareja y a nivel personal, porque es estresante ir a salto de mata apagando fuegos que se han encendido por no organizarse. A veces no es que no haya una buena organización, sino que no existe la posibilidad de una buena conciliación, y esto también pasa factura. Desde la pandemia, muchas empresas han instaurado algunos días de teletrabajo, y eso ha ayudado un poco a las familias, pero no es generalizado ni ha solucionado el gran problema que hay en muchos países por lo que respecta a la conciliación de la vida laboral y familiar.

Si sientes que el pilar familia se tambalea o es poco seguro porque fallan temas de organización, planificación y conciliación, debéis diagnosticar qué pasa y encontrar una solución al problema. A veces aparecen muchos conflictos por las tareas del hogar: se acumulan, uno de los dos se apalanca, están mal repartidas, uno asume más de lo que puede, no hay tiempo material para hacerlas o no ha habido una buena comunicación entre la pareja sobre quién hace qué.

Una vez más, comunicación, comunicación y más comunicación. A nosotros nos cambió la vida cuando empezamos a compartir agenda: los dos vemos lo que tiene cada uno y qué temas familiares hay que atender, como citas médicas, actividades de nuestras hijas, etc. Antes de comprometernos a nada, miramos la agenda y vemos si queda hueco, pero siempre, antes, comentamos la jugada, no sea que luego tengamos que dar marcha atrás. Hemos necesitado años de práctica y muchos patinazos y cagadas varias hasta sentir que, ahora sí, nos coordinamos bastante bien. Pero, de nuevo, necesitamos revisar el plan cada tanto. Cada curso cambian las actividades de las niñas, los trabajos, su organización y sus horarios, o las circunstancias. Hay que parar, revisar y planificar.

Para la gente a la que esto le encanta, tiende al control y además se le da bien, no habrá problema. Pero para las personas que son más de improvisar y abrazar el caos, puede ser catastrófico a nivel de patinazos: no ir a recoger al niño porque pensabas que iría tu pareja y resulta que no, o abrir la nevera y ver que no hay nada para cenar y pensabas que quedaba algo, etc. Cuando hay uno de cada en la familia, el «controlador» suele tirar del carro, pero esto también agota y pasa factura a nivel de carga mental. Lo mejor: hablar, organizarse, hacer listas, compartir agendas, ponerse recordatorios…

Esta es la parte fácil. La difícil es qué hacer cuando la conciliación es un churro y no conseguimos ver a los hijos porque los horarios de trabajo apenas nos lo permiten. Aquí cada cual tendrá que valorar sus circunstancias, posibilidades, deseos, anhelos… A veces hay que tirarse a la piscina y, si se sueña con algo mejor, buscarlo hasta conseguirlo. En otras ocasiones, no nos quedará más que apechugar y esperar que vengan tiempos mejores, quién sabe. Sea como sea, nos ayudará ser conscientes de qué ocurre, qué queremos y si la vida que llevamos responde a nuestros valores familiares. Quizá luego veamos más claro qué camino debemos seguir: aceptar la situación y afrontarla de una manera que no estábamos viendo, intentar cambiarla de alguna forma, etc.

Necesidad de informarse y formarse

A veces el pilar familia se tambalea porque nos desborda la etapa que está viviendo nuestro hijo, ya sea por falta de información, de herramientas o de formación. Nadie nos prepara para ser padres, y parece que sea lo más fácil del mundo porque muchísima gente lo ha sido. Pero la realidad es que es lo más difícil que haremos nunca y entraña una gran responsabilidad que a veces pesa mucho. Además, el hecho de no acordarnos del niño que fuimos y de lo que necesitábamos y el no haber sanado nuestras heridas de la infancia suele provocar que no sepamos acompañar a nuestros hijos.

Ellos, ávidos de ser acompañados desde el amor incondicional, notan nuestra inseguridad, nuestra removida interna y nuestro sentimiento de fracaso, y reaccionan a eso llamando más la atención, como si nos dijeran: «Estoy aquí. ¿Por qué no me das lo que tanto necesito de ti? ¿Por qué no te entregas a mí y dejas a un lado tus movidas? ¡Te necesito presente y disponible!». Y esto nos remueve aún más. Quizá no sabemos cómo hacerlo, quizá no nos supieron sostener cuando éramos pequeños, quizá nos sentimos desbordados ante tantas novedades y tantos cambios que nos toca afrontar con la maternidad y la paternidad... Vamos, quizá sentimos que no estamos a la altura.

No se trata de sentirnos culpables y lamentarnos, sino de hacer algo al respecto. Si la armonía falla en casa porque no sé acompañar a mis hijos, porque la etapa que atraviesan no me gusta y me siento frustrada, o porque educarles se me hace bola, necesito ayuda. No solo información de qué puedo esperar y qué no a la edad de mis hijos, sino también sostén a mi labor de madre y mucha formación, con herramientas y recursos para ser la madre que merezco y la que merecen mis hijos. ¿No lo ves así?

A veces nos cuesta admitir que no podemos más o que no sabemos más. ¿Por qué deberíamos saberlo todo? ¡Es imposible! Nadie nos ha guiado en esto de ser madres y padres, por lo tanto, lo más normal es que nos falten herramientas y recursos. Y más en un momento histórico en el que estamos pasando de la desinformación total a la información amplia y diversa sobre la infancia, la educación y las nuevas formas de acompañar a los hijos que huyen de la crianza tradicional. Nunca habíamos tenido tanto a nuestro alcance. Pero somos la primera generación que intentamos hacerlo distinto y, ¡demonios!, cuando no te han criado y educado así, cuesta la vida cambiar el patrón, como ya he dicho.

Así que nada de sumergirnos en la culpa y sí compasión hacia nosotros desde un lugar de empoderamiento y paso a la acción.

Porque, si no llego, siento que no puedo o que no sé…, ahí fuera hay infinidad de recursos, información, herramientas y personas que me pueden echar un cable enseñándome lo que no sé. Además, hoy en día, con internet, mucho de todo esto es ¡gratis! Pero necesito tener la humildad y la toma de conciencia necesarias para decirme «Sí, necesito que me echen una mano».

Así que revisa si el pilar familia está regular por este motivo y, si es así, métele caña y ¡a por ello! Sé lo que vas a pensar ahora, quizá lo estés diciendo en voz alta: «¿Y si yo estoy por la labor, pero mi pareja no?». Lo he comentado en otro capítulo: no la cambiarás, pero podéis hablarlo desde un lugar asertivo, conectado y asentándoos en unos valores comunes. En todo caso: fíjate en ti, haz tu parte, cocrea la realidad que quieres vivir. Esto sí que está en tus manos.

TE PROPONGO…

Los tres pilares: Supongo que, a medida que leías, ya ibas revisando cada pilar, pero te animo a que escribas tus conclusiones, a que lleves un registro de cada uno para darte cuenta de qué es lo que no está funcionando. Luego, ponlo en común con tu pareja, habladlo y, por último, tomad decisiones y pasad a la acción.

Pilar personal: Para escucharte profundamente y ver si te estás atendiendo y amando como necesitas, regálate un momento de silencio. Pasear por la naturaleza va muy bien para conectar con nosotros. Sal a caminar con la intención de ver qué necesitas y cómo puedes dártelo, sentir si te sientes realizada y a gusto contigo y con los demás, si echas algo en falta… Primero camina, siente, guarda silencio y escúchate de manera profunda. Luego, si quieres, escríbelo. Tomar notas ayuda, porque ver sobre el papel lo que sentimos y necesitamos a veces nos da la fuerza necesaria para hacer cambios. Anima a tu pareja a que haga lo mismo y, después, ponedlo en común. ¿Podéis organizaros de manera que los dos seáis capaces de cuidar de vuestro pilar personal? ¿Sentís que vuestros pilares personales gozan de buena salud?

Pilar pareja: Quizá has llegado a esta parte y ya tienes claro qué día tendréis los encuentros semanales y la próxima cita. Si es así, genial, te me has adelantado, señal de que has visto cuánto lo necesitáis. Estupendo. En caso de que no lo hayas hecho, hazlo. En pareja, estableced qué día es mejor para encontraros y charlar de todo mientras los niños duerman, y decidid cómo serán vuestros encuentros semanales para que os hagan ilusión y os motiven a estar juntos y solos. Luego, fijad también la primera cita y con qué frecuencia las tendréis. Buscad canguro, no lo dejéis para más adelante, porque luego ya sabemos que la vida… pasa. Actuad desde las ganas de compartir un objetivo común: conectar y formar equipo.

Pilar familia: Ya sea a nivel individual o de pareja, mirad de diagnosticar qué es lo que no está funcionando en este pilar. Cuando lo tengáis claro y consensuado, pasad a la acción viendo qué podéis hacer para cambiarlo. Buscad la forma de organizaros mejor, de dar tiempo en exclusiva y de hacer prueba-error tantas veces como convenga hasta encontrar el equilibrio que necesita vuestra familia. Cada una es distinta, así que tendréis que encontrar lo que os funciona, pero esto no cae del cielo. Hay que hacer pruebas, ponerle ganas y empeño, y dar valor al aprendizaje que adquiriréis durante el proceso. Hacedlo con la convicción de que sois un equipo y de que estáis trabajando para un bien común que ayudará a que todos los pilares estén bien asentados. Nada de reproches, nada de críticas: solo construir desde la toma de conciencia, la humildad del sabernos humanos que no podemos llegar a todo y, fundamental, con mucho, mucho amor. Hacia nosotros, hacia nuestra pareja y hacia nuestra familia y todo lo que compartimos. Merece la pena el esfuerzo. Os lo merecéis todos. ¡Id a por ello!

RESUMEN

✓ Hay tres pilares fundamentales que se comunican. Cuando uno no goza de buena salud, acaba contaminándolos a todos: el pilar personal, el pilar pareja y el pilar familia. Tenerlos presentes, asentados sobre una buena base y revisarlos y cuidarlos es esencial para disfrutar de bienestar tanto a nivel personal como con la pareja y los hijos.

✓ Necesitamos querernos bien, cuidar nuestra esencia y aquello que nos ayuda a sentirnos realizados y felices. Si no lo hacemos, la frustración e insatisfacción personal acaban pasando factura a los demás pilares, aparte de que nos privamos de una vida plena y feliz.

✓ Nos cuesta porque no nos han enseñado, y a menudo estamos más pendientes de complacer a los demás que de tener en cuenta nuestras necesidades y nuestros límites.

✓ Con la pareja, es esencial cuidar los espacios de conversación sin interrupciones para conectar profundamente. Tener encuentros semanales mientras los hijos duermen nos ayudará a conseguirlo y a no acumular roces, charlas o temas no tratados.

✓ Conectar con el gozo y el placer de una cita juntos de manera periódica nos ayudará muchísimo a conectar, descansar y relajarnos de la responsabilidad continua de cuidar de alguien. Hay que pasarlo bien solos, haciendo actividades que quizá con los hijos no podemos. Ser novios y no solo padres, y disfrutar siéndolo.

✓ Hay muchos motivos que pueden hacer que el hogar no esté en armonía: malestar en los hijos por necesidades no cubiertas, dificultades de organización y conciliación, etc. Cuando el pilar familia se tambalea, también lo hacen los otros pilares.

✓ El tiempo en exclusiva, la información, la formación y una buena organización familiar ayudará a que nos sintamos más seguros, más capaces, y podamos cocrear un mejor ambiente en casa, conectando con los hijos y haciéndoles sentir que estamos disponibles y presentes.

8

Intentarlo o dejarlo

—Nos separamos —le dijo Mónica a Dolo después de que la camarera les sirviera dos rooibos. Eran amigas desde que se conocieron durante la formación de profesoras de yoga.

—¡Qué dices! ¿En serio? —exclamó Dola incrédula.

—Sí, ya está. Lo hemos hablado y está decidido. No puedo más.

—Joder, sabía que estabais mal, pero... ¿Qué ha pasado?

—Pues que no veo futuro a lo nuestro. Llevamos años como compañeros de piso, y creo que somos demasiado jóvenes para conformarnos con lo que tenemos, que es muy poco, la verdad...

—Lo siento mucho... ¿Y cómo estás?

Mónica rompió a llorar y, cuando pudo hablar de nuevo, dijo:

—Mal, no sé... A ratos con muchas ganas de llorar, como ahora. —Se sonó—. Ayer, cuando lo hablamos, no podía dejar de llorar, pero de pena, ¿sabes? Pena de que nuestro proyecto, el que teníamos cuando empezamos a salir, no haya sido lo que esperábamos... Creo que estoy de duelo.

—Lo siento... Y Julio, ¿cómo está?

—Creo que sigue un poco en shock. Sabe perfectamente que estamos mal, pero creo que él podría seguir así hasta el infinito, en plan infeliz, pero sin mover ficha, ¿sabes? Y ahora viene lo duro: quién se va, cómo lo hacemos con los niños... Una mierda todo.

—Uf... ¿y no veías la posibilidad de arreglarlo o solucionarlo de alguna forma?

—No, ahora ya no. Lo he intentado, lo íbamos hablando. Él decía que se iba a poner las pilas, y yo que iba a organizar algo..., pero es que lo nuestro lleva años muerto, demasiados, y cuando ya no hay ilusión, cuesta remontar. Vamos, que es imposible, creo. Pero supongo que ninguno de los dos nos atrevíamos a dar el paso. Merecemos más, Dolo, y lo que tenemos es tan pobre, discutiendo todo el rato, sin ya apenas cariño, casi con indiferencia, que no es justo ni para Julio, ni para mí ni para los niños. No quiero que vean más eso.

—¿Necesitas algo? ¿Cómo te puedo ayudar?

—Estando, porque será muy duro y más de un día necesitaré llorar con alguien. Creo que los próximos meses no seré muy buena compañía...

—No te preocupes por eso. Cuenta conmigo. Estoy aquí. —Apartó la taza de rooibos y le cogió la mano para que su amiga notara, también con el tacto, que no estaba sola.

Dolo volvió a casa superremovida. La noticia no la había sorprendido en exceso, pero de alguna forma había sido un baño de realidad, y se puso en el lugar de Mónica. Su hijo pequeño tenía la edad de Bruno, y se planteó qué pasaría si ella se separase de Juan. Le entraron ganas de llorar al imaginarse sin su pareja, pero también porque se perdería la mitad del tiempo del que ahora disfrutaba con Bruno. «Dios, ¡qué duro!», pensó. Así que corrió a casa como para asegurarse de que la situación de Mónica no era la suya. Cuando entró, abrazó fuerte a Bruno y luego fue a la cocina a abrazar a Juan, que estaba terminando la cena. Lo hizo con tanta fuerza que él se sorprendió.

—Uy, ¿y eso? ¿Qué te pasa?

—Mónica y Julio se separan.

—No jodas. ¿En serio?

—Sí, se ve que están fatal desde hace años. Sabía que estaban mal, nunca los hemos visto muy enamorados, la verdad, pero no sé, me ha removido.

—Tranqui...

—Sí, pero no sé, a épocas también he sentido que nosotros éramos un poco como compañeros de piso, y no quiero que nos pase lo mismo que a ellos.

—A ver, frena el carro. No somos Julio y Mónica, ¿vale? Hemos tenido etapas menos buenas, pero ahora creo que estamos viviendo una de las mejores, ¿no? Me siento conectado a ti, y, desde que voy a terapia y somos más constantes con lo de cuidar nuestros espacios, me siento súper contigo. ¿Y tú?

—Yo también, pero me ha entrado el miedo. No quiero perderte, ni a ti ni a Bruno.

—Si nos separásemos, no perderías a Bruno.

—Sí, un poco sí. Mónica no me ha hablado de ello, pero estoy segura de que esto le pesa: de repente pasará a ver a sus hijos la mitad del tiempo: la mitad de las vacaciones, la mitad de todo... Y es una mierda, porque se quiere separar de Julio, no de los niños.

—Ya, uf, me costaría un montón no ver a Bruno cada día... Solo de pensarlo, me duele.

—Bueno, vale ya... Tú lo has dicho, no somos ellos. Pero cuidémonos, ¿vale?

—¡Mamááá, tengo hambre! —gritó Bruno desde el salón.

—Ya va, Bruno, la cena casi está lista —respondió Juan.

—Te quiero —dijo Dolo abrazándolo de nuevo.

—Yo más —respondió él.

—Puede ser —confirmó Dolo riéndose. Y repitiendo la misma broma de siempre, se sintió conectada a su pareja.

Juan y Dolo habían pasado alguna que otra crisis, y los dos se habían preguntado alguna vez si terminarían separándose. El primer año fue duro, y tuvieron momentos en los que se sintieron muy solos, pero hicieron caso al consejo de «El primer año no tomes ninguna decisión importante, porque no estás para pensar con tantos cambios», y esperaron y confiaron en que llegarían tiempos mejores. Luego, tuvieron una etapa de muchas discusiones y roces. Un día se sentaron a hablar seriamente porque Juan estaba muy decaído y Dolo sentía que ya no podía tirar más del carro. Cuando uno de los dos mencionó la palabra «separación» como una alternativa posible, los dos rompieron a llorar. Se abrazaron y sintieron al mismo tiempo que todavía les quedaba mucho por vivir juntos. Quizá el problema era que intentaban tener la misma relación que antes cuando los dos habían cambiado con la llegada de Bruno. Quizá debían reencontrarse con los que ahora eran e intentar construir algo que se adecuara a su realidad. Quizá tenían que dejar de intentar reproducir su vida de novios (que ya no volvería) y asumir que estaban en otra fase en la que también podrían disfrutar y crecer mucho. Había demasiada fantasía y expectativas en su mente y poca toma de conciencia de que todo había cambiado, incluso ellos.

Estuvieron semanas hablando e intentando reconducir la situación, y poco a poco fueron recolocándose en un nuevo lugar: como pareja, como padres y como equipo. Claro que aparecían roces y conflictos, pero podían afrontarlos y resolverlos. Y, además, había ocurrido algo nuevo: se sentían seguros y cómodos mostrándose vulnerables ante el otro, y esto los ayudaba a ir vinculándose de una forma más profunda.

La ruptura de Julio y Mónica los removió y a la vez los ayudó. De repente, fueron más conscientes de lo que tenían, de lo que querían y de qué hacer para conservarlo y cuidarlo. Sintieron mucha gratitud y muchas ganas de demostrarse que lo suyo estaba en otro estadio, que habían superado mucho y que podían afrontar lo que estuviera por venir.

Por la noche, cuando se acostaron, Juan la abrazó y le dijo:

—Cuando empezamos a salir, pensé que jamás podría amarte más de lo que ya te amaba, pero era un iluso. No era nada comparado con lo que siento ahora, después de haber vivido tanto a tu lado.

—Uau, Juan, qué bonito lo que acabas de decir… Yo también lo *siento así. Entonces era algo muy pasional y muy pueril, quizá poco maduro. Ahora siento que estamos a otro nivel, mucho más conectados y de una forma más profunda. Supongo que hemos crecido juntos.*

—Y lo que nos queda...

—Ojalá mucho, porque no tengo ninguna intención de dejarte ni de abrir un espacio entre tú y yo y que se cuele alguien.

—¿Crees que esto es lo que les ha pasado a Julio y Mónica?

—Ni idea. Ella no me lo ha dicho, y supongo que no, pero es que es normal que aparezcan terceras personas cuando te sientes a kilómetros de distancia de tu pareja. Viene alguien, te dice cosas bonitas que te hacen sentir algo que creías muerto y te da la sensación de que vuelves a vivir...

—Ya, supongo que es fácil.

—Por eso. No nos desconectemos.

—No, nunca. Y si hay algo que no te guste de mí o me ves en la parra, me avisas, ¿vale?

—Lo mismo te digo.

—Te quiero.

—Yo más.

—Puede ser.

Y riendo de nuevo, empezaron a darse besos y a tocarse de una forma que los dos supieron al instante que esa noche harían el amor.

Qué tener en cuenta antes de decidir separarse

Decidir separarse son palabras mayores. Pero, además, cuando somos padres, la separación no solo afecta a la pareja, sino también a los hijos. Todo lo que decidimos y hacemos tiene consecuencias, y no es el momento de ir a salto de mata ni de actuar de forma inconsciente.

Parece una obviedad, pero lo primero que debemos tener en cuenta es eso: ya no estamos solos, hay unos hijos, y eso debería hacernos actuar siempre desde, al menos, una mínima madurez. La realidad, sin embargo, es que muchas veces las decisiones sobre el futuro de una pareja se toman guiados por el ego y por la incapacidad de comunicarnos de forma asertiva, de hablar de lo que nos ocurre y de afrontar las propias carencias.

Hay quien dice que hoy en día las parejas están tirando la toalla demasiado rápido y que no aguantan nada. No sé cómo se puede generalizar tanto en un tema tan delicado, pero supongo que, en parte, lo que ocurre es que mucha gente ya no quiere seguir manteniendo una relación que no le llena. Antes tocaba apechugar, aunque no te gustase, porque el divorcio estaba prohibido y la separación, muy mal vista. Pero ahora no, y este cambio de mirada ha ayudado a normalizar la separación de las parejas.

Soy hija de padres separados. Acabaron con su relación cuando yo tenía cinco años, y fue una crisis que todos tuvimos que asumir y traspasar. Cuando lo he hablado con ellos, me han contado más o menos lo mismo: fue duro para todos. Por un lado, porque cae la imagen que te habías creado de familia, de vida y de futuro juntos. Lo que habías imaginado se desmorona y aparece la incertidumbre: qué pasará, cómo lo haremos, qué será de nosotros ahora que ya no hay un plan… Para mí también lo fue, porque era inconcebible no verlos juntos en la misma casa. Acostumbrarme a tener dos casas, a estar con uno u otro, a dividir el tiempo… No es fácil en ningún caso. Mis padres se llevaron siempre bien. Hubo entendimiento, cordialidad y cariño, pero aun así no fue fácil, y menos en una época en la que nadie se separaba.

Creo que no terminé de comprender del todo por qué se habían separado hasta que, muchos años más tarde, me separé de la persona con quien estuve años conviviendo. No teníamos hijos, pero de alguna forma conecté con mis padres. Sentí un duelo: lo nuestro se terminaba, y no sabía qué vendría después porque lo que había construido en mi cabeza de lo que sería mi futuro acababa de desmoronarse. Había mucha pena en mí y también frustración y enfado: «¿Por qué no me ha salido bien?». Fíjate: «bien», pensaba yo. En realidad, me había salido bien: aprendí muchísimo en esa relación, de lo que quería y de lo que no, de mí misma y de las relaciones en pareja... ¿No es ese el objetivo de todo lo que nos pasa en la vida, aprender? Pero, en nuestra mente, el «bien» se relaciona con «para toda la vida», esa película tan arraigada...

Me acuerdo de que mi padre vino a verme a los pocos días de separarme, y cuando le pregunté «¿Cómo lo hiciste tú cuando os separasteis tú y mamá?», me respondió algo que recordaré toda la vida: «Nos agarramos a nuestros valores, al amor que nos teníamos y a la libertad que siempre guio nuestros pasos. No éramos felices y, por amor, nos dimos la libertad de volar siguiendo rumbos distintos».

Amor y libertad. Me pareció muy bonito: amar de una manera tan profunda al otro que quieres que sea feliz y que vuele, y viceversa. Reconocer que la convivencia juntos no funciona y, desde la amistad y el amor compartido, dejar de convivir por el bien común. Esto no significa que fuera coser y cantar, seguro. Hay dolor cuando una pareja toma una decisión semejante, por supuesto, y, en muchos casos, no poco. Pero las relaciones tienen un tiempo de vida: algunas mucho y otras no tanto... Normalicemos eso. Lo que está claro es que tendrán menos tiempo de vida si no ponemos conciencia en la relación ni en nuestras heridas, dificultades y carencias.

Pero volvamos al tema de este apartado: ¿qué debemos tener en cuenta antes de tomar una decisión, sea la que sea? En primer lugar, el momento en que estamos, porque a veces estamos mal por no dormir, por el trabajo o por dificultades en la crianza y no podemos tomar una decisión consciente. Es decir, no estamos en las condiciones óptimas para pensar de una forma clara, con cierta visión, perspectiva y conciencia. Luego tenemos que escucharnos, darnos cuenta de cómo nos hemos estado sintiendo en los últimos tiempos y en cómo nos sentimos ahora. Cuando nos escuchamos, podemos ver si hay posibilidades de hacer que la relación evolucione, crezca, o si es imposible, o quizá demasiado tarde. Pero, sobre todo, antes de decidir separarnos, tenemos que ver si hemos agotado la capacidad de mejora en esta relación. ¿Hemos hecho todo lo posible para entendernos más, acompañarnos, ser equipo, estar más unidos y sentirnos conectados, o no hemos hecho nada y pretendemos que la mejora caiga del cielo? Por el amor que nos hemos tenido, porque tenemos un hijo o más de uno en común y por respeto a quiénes somos y a lo que hemos construido juntos, merecemos agotar todas las posibilidades antes de tirar la toalla. Porque el hecho de que nos rindamos pasa factura a nuestros hijos, así que es importante que estemos muy seguros de la decisión que tomemos y que sintamos que era el camino que debíamos seguir. Y eso será cuando lo hayamos intentado todo, cuando hayamos hablado mucho y cuando hayamos currado juntos para conseguir la relación que queremos.

Pero lo más importante es saber que nos separamos de la pareja, con quien seguramente ya no conviviremos —digo seguramente porque algunas no pueden buscar otra vivienda por cuestiones económicas y siguen compartiendo casa—, pero que toda la vida seguiremos relacionándonos con esa persona porque compartimos uno o más hijos. Por eso es imprescindible que pongamos a los hijos en el centro y que las decisiones que tomemos tengan en cuenta su bienestar. Y esto implica que tengamos que hacer lo posible para mantener la cordialidad, un buen entendimiento y una buena sintonía entre los dos, porque, de lo contrario, los hijos sufrirán mucho.

TERMINAR LAS COSAS BIEN

No sabemos terminar las cosas, así, en general. Ponemos mucha atención en los inicios porque en ellos hay ilusión, ganas y una sensación de novedad que es muy atractiva. En cambio, en los finales, falta ilusión, ganas y, por supuesto, novedad. Por tanto, terminamos de cualquier forma, sin poner conciencia ni presencia. Y no nos damos cuenta de que, muy a menudo, los finales mal terminados dificultan los nuevos inicios: nos podemos quedar atrapados en un montón de apegos y heridas que habrían podido evitarse si hubiéramos terminado la relación de una forma más consciente.

En cuanto a las relaciones de pareja, ponemos mucho empeño en los inicios, durante el noviazgo, en la etapa de enamoramiento, pero muy poco en mantener esa llama y, sobre todo, en terminar la relación de forma consciente y asertiva. En vez de eso, la mayoría de las veces las relaciones terminan mal, después de riñas, gritos, ofensas, infidelidades y muchísimo dolor. Cuando acaban así, es difícil que se pueda mantener una cordialidad, aunque solo sea por los hijos. Hay tanto dolor y despecho que a veces se intenta dañar al otro, a pesar de que eso también hiera a los niños.

Debemos ser conscientes de que, aunque nos separemos, esa persona seguirá siendo el padre o la madre de nuestros hijos, así que tendríamos que intentar comunicarnos de la mejor manera, tenernos en cuenta, negociar y tomar decisiones lo más consensuadas posible. ¡Porque nos necesitaremos! Aunque separados, deberíamos funcionar como equipo, porque habrá muchas decisiones con las que tendremos que estar de acuerdo. Si el final de la relación se ha apurado mucho o se ha hecho poco para cuidarnos cuando estábamos juntos, es muy probable que la postseparación sea un auténtico calvario. Esto perjudicará un montón a los niños, así que, de verdad, pongamos atención e intención para terminar las cosas bien.

Antes de separarnos, debemos estar seguros de que la relación no esté destruida porque, si lo está, será muy difícil mantener la cordialidad, aunque solo sea por el bien de los hijos. Mucha gente no hace nada para mejorar la relación y la apuran hasta límites tremendos, cuando ya no queda amor ni respeto. No deberíamos llegar a esos extremos; ojalá se pudiera poner punto final mientras aún queda admiración, cariño y respeto. Y por eso, porque nos queremos, tomamos la decisión de hacernos más felices separándonos.

Para acabar bien, debemos ser conscientes y aceptar que las cosas se terminan. Que sí, que hay relaciones que duran toda la vida, pero muchas acaban antes. Normalizarlo y aceptarlo puede ayudar a que no nos invadan la frustración, el ego y la rabia cuando la película que nos habíamos montado no se cumpla. Pero, sobre todo, algo que nos puede ayudar a terminar bien es tener siempre en mente a nuestros hijos y saber que, con el tiempo, podrán asimilar que nos separamos, pero lo que no llevarán bien es que no nos respetemos y que no nos tratemos bien.

Nos puede ayudar pensar que, sin la otra persona, nuestro hijo no existiría, recordar que nos hemos amado mucho, que hemos vivido muchas cosas juntos, que hemos compartido mucho y que hemos aprendido. Desde ahí, quizá podremos sentir algo de paz y agradecimiento y lleguemos a verlo como una etapa de nuestra vida que ahora cambia de rumbo. Como decía mi padre, «desde el amor y la libertad», desde el aceptar que las cosas a veces son como son y no como habíamos imaginado o como queríamos. Y abrirnos a la experiencia de aprender lo que la vida, ahora y en esta circunstancia, tenga que enseñarnos.

Quizá quieres terminar la relación de forma cordial y agradable, haciendo lo que te acabo de contar, pero tu pareja no lo vive igual, y lo que siente es muchísima rabia, despecho, rencor..., y, consciente o inconscientemente, muchas ganas de devolverte el dolor que siente. Aquí tocará comprender y aceptar que sois personas diferentes y que, por lo tanto, lo vivís de forma distinta. Tenéis otras mochilas y experiencias, así que debéis confiar en que el tiempo irá poniendo las cosas en su lugar, bajará el nivel de estrés e ira, y aportará más bienestar y cordialidad. En algunos casos será así, con los años todo volverá a su cauce; en otros, la conflictividad y el mal rollo se mantendrán hasta la mayoría de edad del niño.

Es una pena, y ojalá no ocurriera nunca, pero ocurre. En casos así, tocará protegerse a nivel emocional, contar con un buen entorno que sostenga el malestar que esto generará en la persona implicada y en los hijos, y centrarse muchísimo en lo que depende de cada uno.

Aguantar o no por los hijos

En primer lugar, diré que tomar la decisión de separarse o no es muy difícil y personal, y dependerá de cada individuo, circunstancia y situación. Si nos ponemos en el punto de vista de los niños, ellos necesitan que sus padres estén bien, que se traten bien, verlos felices y que en casa haya bienestar y buena convivencia. Cuando no es posible, algunos incluso acaban pidiéndoles a sus padres: «Por favor, que se acabe esta tortura, separaos». Ya no pueden seguir viendo y viviendo tanto dolor.

Sin embargo, hay parejas que tienen una buena convivencia, su relación es cordial, aunque ya no sea amorosa como en otro tiempo, y siguen juntos porque creen que es lo mejor para los hijos y porque, en realidad, funcionan muy bien como familia y como equipo. Las parejas que deciden mantener la relación es porque en el fondo están bien, y no separarse no les supone un sacrificio como sí que lo sería no poder ver a sus hijos. Por lo tanto, eligen el camino menos doloroso.

En mi opinión, no es justo para nadie aguantar en una relación de pareja acabada en la que ya no hay cariño ni respeto, y hacerlo con la excusa de que es por los niños. Si realmente los hijos estuvieran en el centro, la pareja decidiría separarse para permitirse ser más felices por separado y ofrecerles bienestar, pero muchas veces hay miedo a lo desconocido, miedo a cómo será no estar juntos, o bien se entra en una dinámica tóxica de la que ninguno de los dos sabe salir.

Hay personas que confiesan aguantar por los hijos porque están convencidas de que ellos no podrán asumir su decisión. Bueno, esto es confiar muy poco en los niños. Es obvio que un cambio como este les produce un sismo importante, y necesitarán tiempo para adaptarse a su nueva vida, pero recordemos que lo que más daño les hace es ver una mala relación entre sus padres, mucho más que tener que cambiar de casa porque se han separado. Tengámoslo en cuenta.

En ocasiones, lo que en apariencia es «aguantar por los hijos», en realidad son dificultades económicas para separarse y pagar dos viviendas, miedo a estar solos y a salir de la zona de confort, etc. Sí, aunque parezca mentira, mucha gente elige quedarse donde está mal antes que buscar nuevas posibilidades. No lo juzgo, siempre hay una explicación para todo, y en estos casos muchas veces son las carencias que cada uno lleva en su mochila.

En cualquier caso, recordemos la importancia de amarnos, de sentir que nos merecemos una vida plena y feliz, rodeados de gente que nos quiera de verdad. Si estamos en esta disyuntiva —separarnos o no—, escuchémonos muchísimo, observemos el ambiente en casa y hablemos mucho con nuestra pareja.

Si me estás leyendo y no tienes pareja, o la tienes y no estáis viviendo una crisis, te animo a que pienses en qué tipo de finales han tenido tus relaciones anteriores. Al revisarlos (también a nivel de amistad, por ejemplo), verás si hay heridas que deben sanarse o podrás plantearte cómo quieres hacerlo en el futuro, si sucede. Porque, para cambiar algo, lo primero, ya lo sabes, es ser consciente de ello.

Si tu pareja decide terminar la relación

Si tu pareja toma la decisión y te comunica que no quiere seguir contigo, que quiere separarse, es probable que te pille desprevenida y te caiga como un jarro de agua fría. Aunque supieras que vuestra relación no iba del todo bien o que tenía mucho que mejorar, si no lo decides tú, inevitablemente duele mucho. Primero, por lo inesperada que es la noticia, y, segundo, porque, mientras que la otra persona lo ha podido reflexionar, hablar con alguien, hacerse a la idea hasta que te lo comunica, tú te acabas de enterar. Puede que aparezca la incredulidad, la sensación de que lo que se está viviendo no es real, y que, poco a poco, ese sentimiento se vaya convirtiendo en rabia, tristeza y pena.

Uno de los aspectos más duros es empezar a darse cuenta de que el hecho de que la pareja se separe implica separarse a días y semanas de los hijos, algo que quizá ninguno quiera. Cuando la decisión la toma el otro, asumirlo es muchísimo más difícil porque se vive como una imposición, una injusticia que no ha sido para nada elegida. Aparece frustración, rabia, pena por los hijos y tristeza al pensar que habrá cosas que, inevitablemente, no se podrán gozar con ellos porque estarán con la expareja.

«Es que me voy a perder la mitad de su vida», me decía una clienta a quien su marido la había dejado hacía poco y me consultaba para saber cómo acompañar a nivel emocional a los hijos durante esa etapa tan importante. Aquí se desmorona todo de golpe: la imagen de vida en común y como familia cae, y no solo eso, sino que aparece un vacío cuando esa persona se imagina sin sus hijos durante días o semanas, aunque eso no entraba, en absoluto en sus planes. Todo nuestro *background* con el abandono, la separación y la injusticia se remueve de golpe, y en muchas ocasiones surge una crisis profunda que dinamita los cimientos de la persona.

Cuesta, entonces, seguir criando a los hijos y relacionarse con la expareja, porque esto sí que no cambia: tendrá que haber relación durante años, y no pocos, y cuando existe tanta removida emocional, cuesta. Hay quien se ofende muchísimo porque lo vive como una traición y, con abogados de por medio, corta la comunicación que quizá se tenía antes. El ego se retuerce y busca formas de sobrevivir, pero en ningún caso es una buena idea. Aunque entren abogados para concretar el convenio regulador, es importante que dejemos las emociones fuera de la ecuación y nos centremos, de nuevo, en qué necesitan los hijos para estar bien, y esto es, sin lugar a duda, que los dos miembros de la pareja tengamos una relación cordial.

Debemos validar las emociones, atenderlas, expresarlas con alguien de confianza y procurar canalizarlas de forma asertiva, pero siempre intentando que no tomen el timón y se ocupen de gestionar la ruptura. Porque eso siempre es una mala idea.

Por duro que sea y por muy poco que estemos de acuerdo con la decisión que ha tomado la otra persona, debemos saber que todo pasa, y esto también lo hará. Nunca tenemos que estar con alguien que no quiere seguir con nosotros, merecemos más. Nos ayudará verlo en perspectiva y saber que, con tiempo, paciencia y quizá algo de ayuda profesional, lo asumiremos y lo aceptaremos. Está bien recibir ayuda cuando la necesitamos, que no nos avergüence.

Recorrer este proceso nos permitirá crecer, evolucionar y, pasado un tiempo, abrirnos a otras personas y experiencias que la vida nos tiene reservadas. Cuando he vivido situaciones que no me han gustado y que hubiera deseado que no hubieran ocurrido, siempre me ha ayudado pensar que la vida tenía otro plan para mí. Confiar en la vida, en que eso que está ocurriendo me aportará aprendizaje y crecimiento, me ayuda a acoger la realidad que me toca y a seguir adelante. A menudo me repito la frase «La vida sabe más» y acepto el presente tal y como es. Sin duda, esto siempre me ha ayudado muchísimo más que las veces que me he puesto de espaldas a una realidad que me era imposible cambiar.

Si tú decides terminar la relación

Si eres tú quien decide terminar con la relación de pareja, es muy probable que hayas estado mucho tiempo dándole vueltas y que, de alguna forma, hayas pasado el duelo durante todo el tiempo de reflexión. Me acuerdo de una pareja que vino a consulta para que la ayudara a recorrer el proceso de separación. Cuando les pregunté cómo estaban, ella, que había dado el paso definitivo, dijo que sentía que estaba mejor que su pareja porque ya había pasado el duelo durante la toma de decisión, hacía más de un año. Había ido atravesando las etapas de pena, tristeza, frustración, rabia y todas las demás mientras se planteaba si separarse era lo mejor. Él, en cambio, estaba en *shock*, viviendo en ese momento toda la pena, la tristeza, la frustración... Se encontraban en momentos distintos, pero eso no significa que ella no hubiera vivido esas emociones. Hay quien piensa que, cuando se toma la decisión, es todo más fácil, y sí, muchas personas lo prefieren, pero eso no quiere decir que no cueste porque, por lo general, tomar la decisión definitiva conlleva mucha culpabilidad.

Esto es algo que comentan muchas personas que han decidido separarse: sienten culpa por el dolor provocado a la expareja y a los hijos. Pero tomar la decisión no significa que antes no hubiera dolor. De hecho, la mayoría de las veces, esa persona toma la decisión justamente por el dolor que le provoca la relación. Sea como sea, es un momento en el que la culpabilidad pega duro, en especial si la pareja se lo toma muy mal y refuerza ese sentimiento.

Algo que dicen muchas personas que toman la decisión de separarse es que sienten que han roto la familia, y esta es una creencia que debemos empezar a cambiar. La familia no se rompe, lo que se rompe es la pareja, que ya no volverá a ser igual, aunque sus miembros se lleven bien. Ambos tendrán que crear otro tipo de relación que ojalá se base en la amistad, el respeto y el tiempo y los hijos compartidos, aunque ya no será de pareja. Pero la familia continuará ahí porque siempre seguirán siendo padres de esos hijos y tendrán que verse, negociar, tomar decisiones juntos y un largo etcétera.

Cuando no tienes hijos, rompes con una relación y puede que no veas nunca más a esa persona, que no os llaméis jamás y que la pierdas de vista para siempre, pero cuando los tienes eso no ocurre. Tenemos que dejar de vincular la palabra «familia» con la idea tradicional de «personas heterosexuales que viven juntas y tienen una relación de pareja e hijos». Estamos en el siglo XXI y hoy en día hay muchos tipos de familia: homosexuales, monoparentales, parejas que crían juntos a los hijos y tienen relaciones abiertas, parejas divorciadas que viven separadas y crían juntos a los hijos, familias enlazadas donde la nueva pareja vive semanas o días con los hijos de cada uno, etc.

Tenemos que abrir la mente: el mundo ha cambiado, y lo más importante, insisto, es que la infancia esté en el centro, atendida, amada y acompañada como necesita. Una pareja que se separa puede seguir criando a sus hijos de forma conjunta, teniendo una fuerte idea de familia. Esto es posible cuando los padres se llevan bien y entre ellos hay cordialidad y buen entendimiento. Cuando no es posible, está claro que la idea de familia se rompe, porque no hay comunicación, a veces ni siquiera contacto, ni se comparten actividades con los hijos en días especiales, como los cumpleaños, el día de Reyes, etc.

¿Qué hacer con la culpa y la sensación de ser el o la responsable del dolor del otro y de los hijos por la separación? Pues validarlas, legitimarlas e ir transitándolas, sabiendo que los cambios requieren tiempo y perspectiva. Tocará asumir la decisión, tener muy claro por qué se tomó e ir navegando por las emociones que vayan surgiendo, respirándolas, aceptándolas e intentando no ignorar todo lo que se remueve dentro. Recuerda que lo que no se atiende aparecerá tarde o temprano y requerirá nuestra atención. No demorarlo y tener en cuenta nuestro estado emocional (si es necesario, con ayuda psicológica) es imprescindible para transitar por un cambio de esta magnitud.

EN CASO DE SEPARACIÓN, ¿QUÉ ES LO MEJOR PARA LOS HIJOS?

Una vez se ha tomado la decisión de separarse, lo siguiente que viene es: «¿Y cómo lo haremos con los hijos? ¿Qué es lo mejor? ¿Cómo nos organizaremos?». La custodia compartida es la vía más habitual, pero lo importante son los tipos de custodia que existen. Para mí, como profesional que ha dedicado su carrera al acompañamiento emocional de la infancia, lo mejor es que los niños puedan ver el máximo de tiempo tanto a un progenitor como al otro (siempre que mantengan un buen vínculo, que, obviamente, no haya malos tratos de por medio de ningún tipo, etc.). Pero además debemos tener en cuenta la edad de los niños, su nivel de madurez, sus necesidades cotidianas a nivel de estudios, actividades extraescolares, etc. Aun así, pienso que lo mejor es que puedan ver tanto a uno como al otro lo más a menudo posible y sin trabas.

La añoranza es la emoción con la que más tienen que lidiar los hijos de padres separados porque es muy probable que, cuando estén con uno, echen de menos al otro, y viceversa. Cuando pasan muchos días, de alguna forma se produce una especie de desconexión y sufren porque necesitan también la presencia de su otro adulto de referencia. Estoy pensando en los quince días de vacaciones, por ejemplo, sin mamá o papá... A muchos niños se les hace eterno y doloroso. Por eso algunas familias prefieren periodos de tiempo más cortos durante las vacaciones. Todo se podrá ir adaptando según las necesidades de los niños y de cómo lo lleven, pero es importante tener en cuenta que la añoranza suele estar muy presente tanto si la verbalizan como si no. A veces no se atreven a expresarla porque sienten que, si lo hacen, le dolerá al adulto que ahora está con ellos, porque quizá piense que no disfrutan de estar juntos, así que se lo guardan.

Quiero ponerte algunos ejemplos porque creo que lo que te he contado se verá más claro. Imagina que una pareja se separa y tiene hijos adolescentes. Si la custodia es compartida y lunes y martes están con uno, miércoles y jueves con el otro, y el viernes y los fines de semana son alternos, dependiendo de sus rutinas, actividades y demás, no será factible: tanto cambio de casa no será práctico. Quizá los chicos de quince y diecisiete años, por ejemplo, pidan semanas enteras alternas, o puede que, dependiendo de dónde viva cada uno y de la logística, quieran estar más en una casa que en la otra. A esas edades, lo importante es escucharlos y mostrarse disponible y atentos para darles el apoyo que necesitan tanto a nivel emocional como práctico.

Si la pareja tiene hijos de seis y ocho años, por ejemplo, la custodia compartida de dos, dos y tres quizá sea lo que más se adapte a sus gustos, porque así podrán ver muy a menudo a ambos progenitores. Lo ideal es que, además, cuando pasen cinco días con uno de los dos, el otro pueda verlos en algún momento, para que no se les haga tan largo no estar con mamá o papá. Si los niños son bebés de menos de dos años, es importante que se separen lo mínimo posible de su madre, ya que están en la etapa fusional. Esto no significa que no puedan ver y estar con el padre, claro, pero para atender las necesidades de la infancia siempre es imprescindible tener una relación adulta, consciente y lo más asertiva posible. Además, hay que saber en qué punto del desarrollo están los hijos y qué necesitan según su edad.

He visto muchos casos de adultocentrismo puro dirigido por el ego y heridas que nada tenían que ver con los niños, pero al fin y al cabo eran ellos los que lo pagaban. Y es una pena, porque los hijos son los que lo pasan peor: no solo les duele, sino que no entienden nada y no saben qué hacer con todo lo que sienten. Algunos, además, se lo guardan muy dentro porque no quieren mostrarse disgustados delante de unos adultos que quizá los estén usando como moneda de cambio. Incluso en ocasiones no muestran lo que necesitan porque sienten que expresarlo es traicionar a su padre o a su madre, y eso es algo que no quieren hacer.

Así que ya ves, al final, lo importante de las custodias es cómo se ejecutan y si la pareja separada tiene en cuenta las necesidades de sus hijos y está dispuesta a escucharlas y atenderlas. Por suerte, cada vez hay más exparejas que se llevan bien y celebran cumpleaños juntos, días de Navidad o van todos a la cabalgata de Reyes, lo que les da estabilidad como familia, aunque ya no sean pareja.

La separación de mis padres fue amistosa. Recuerdo que, cuando se juntaban para venir a verme a las funciones del cole o en mi cumpleaños, a veces me daba vergüenza porque no era habitual.

Primero, porque en aquella época nadie se separaba, pero, segundo, porque los que lo hacían acababan como el rosario de la aurora y ni por asomo coincidían en ninguna parte. En cambio, mis padres sí. Además, tenían nuevas parejas, y eso significa que pasé a tener, de alguna forma, cuatro padres. Cuando nos juntábamos todos, yo pensaba «Dios mío, soy la única con una familia así de rara» y lo vivía mal. Ahora, y por suerte desde que crecí y me convertí en adulta, me siento muy orgullosa de lo que ellos consiguieron y de cómo ejercieron de padres conmigo. Me gusta que me mostraran otra forma de hacer las cosas desde el amor y la libertad, el cariño y el respeto. Mi experiencia me ha ayudado mucho a acompañar a otras parejas, y esto es gracias a mis padres. Y también entiendo que yo no lo pudiera vivir con normalidad de pequeña porque, cuando no ves tu realidad reflejada en nadie, te sientes sola y rara, y eso, en la infancia, es difícil de gestionar.

Sea como sea, no estoy diciendo que sea fácil gestionar una custodia con tu expareja y poner en el centro las necesidades de la infancia, pero sí que es posible. Es muy probable que requiera mucho crecimiento personal, mucha atención de las heridas propias y traspasar el ego para que nos dé más apertura, conexión con lo esencial y mayor amplitud de miras. Pero es posible, te lo aseguro; si estás en este caso, o algún día te encuentras en él, haz lo que puedas para lograrlo. Por tu bien y por el de tus hijos.

FAMILIAS ENLAZADAS

A veces también se las llama «familias reconstituidas», pero esta expresión no me gusta tanto como «familias enlazadas» porque, al fin y al cabo, son eso: nuevos vínculos que aparecen en la vida de cada uno de los adultos que va creando una nueva familia. En mi familia enlazada, tengo cuatro padres, un hermano por parte de madre y dos por parte de padre. No tengo hermanos que no sean de mi sangre, digamos, porque las nuevas parejas de mis padres no tenían hijos, pero hubiera podido ocurrir y tener hermanos con los que hubiera compartido padre o madre y otros con los que no.

Es una buena removida, no te lo voy a negar, tanto para los adultos de la familia enlazada, que a veces tienen que lidiar con niños que no son suyos, pero conviven con ellos, como para los hijos, que tienen que acostumbrarse a nuevas dinámicas y relaciones. Recuerdo a una pareja que se juntó en la que ella tenía dos hijos y él, cuatro. De repente, cuando les tocaban los hijos, eran ocho personas en casa. Imagina el cambio para los niños y para los adultos, tantas personas nuevas, tantas dinámicas adquiridas y nuevas, tanta removida emocional junta. Una auténtica aventura.

En ocasiones, a estas familias se les suma un nuevo miembro fruto de la nueva pareja. A toda la removida emocional, añádele un bebé que hace de espejo a todos los miembros de esta nueva familia, ¡tela marinera! No es nada fácil, la verdad. Aparecen celos, a veces algunos vínculos son más fuertes que otros, y puede producir mucho malestar. ¿Cómo gestionarlo? Con adultos muy sanos emocionalmente, que se cuiden y que, si les cuesta, busquen ayuda que los sostenga, además de mucha conciencia y conversación entre la pareja.

Recomiendo también que, en determinados días o momentos, el adulto haga cosas solo con sus hijos, porque —cogiendo el ejemplo de antes—, si siempre que un niño va a casa de su padre tiene que compartirlo con su hermano y con cuatro hijos más de la nueva pareja de su progenitor, no habrá exclusividad. Y es una necesidad muy importante durante la infancia: tener tiempo, mirada y atención en exclusiva de los adultos de referencia los hace sentir especiales e importantes a sus ojos. En una época en la que están construyendo su propia imagen a través de la mirada de sus padres, sobre todo, es importante que haya tiempos así.

Esto requerirá hacer malabares, mucha conciencia y mucha logística, pero merece la pena el esfuerzo, sin duda. Si al principio están muy removidos, habrá que acompañarlos, validar y normalizar muchísimo sus emociones y darles tiempo para que se adapten a la nueva realidad. El tiempo, sin embargo, hará que todo sea más llevadero. Otros niños quizá encajarán al segundo con los hijos de la otra persona y estarán felices de sentir que, de repente, tienen más hermanos. En consecuencia, la vida en esa casa quizá les parezca más divertida y amena. Cada caso es un mundo. Sea como sea, lo imprescindible es: escucha activa, mirada atenta, presencia y muchísimo amor.

Para mí, mi familia somos todos: mis cuatro padres, mis tres hermanos (aunque sean de progenitores distintos), sus parejas… Formamos una gran familia. Sí, cuando mis padres se separaron, fue duro para una niña de cinco años, pero si no se hubiesen separado no habría conseguido la relación que tengo con el marido de mi madre ni con la mujer de mi padre, ni hubiera tenido tres hermanos maravillosos que hacen que mi vida sea mejor. Así que doy gracias a la vida por haber cambiado los planes que teníamos mis padres y yo en los años ochenta y habernos brindado tantas sorpresas bonitas.

«Crisis» significa cambio, y claro, los cambios, como puede ser una separación, comportan una buena crisis que hace que todo se tambalee, pero hay que ponerle distancia y perspectiva, y confiar en que la vida sabe más de lo que nuestra mente limitada y pequeña puede abarcar ☺.

TE PROPONGO…

Terminar las cosas: Te propongo que tanto tú como tu pareja, en caso de que la tengas, reviséis juntos o por separado, como prefiráis, qué relación tenéis con los finales. Intentad recordar cómo vivíais de pequeños cuando algo se terminaba: fin de curso, final de las vacaciones, fin del cole o del instituto… Luego, fijaos en otras relaciones que hayáis tenido: ¿habéis sido capaces de poner un buen punto final, terminar bien, de forma conectada y asertiva, o hubo evasivas, bombas de humo o sensación de traición y lucha de egos?

Revisad también cómo sentís que ponían los finales vuestros padres. Por ejemplo, si os mudasteis de casa o cambiasteis de país, ¿hicisteis una buena despedida a lo que dejabais atrás, o borrón y cuenta nueva sin atender a las emociones que eso os despertaba? Repasar todas estas situaciones que quizá nunca hayáis revisado os vendrá muy bien para tomar conciencia y daros cuenta de si hay algún patrón que estéis repitiendo o alguna herida que no hayáis sanado. Esto te ayudará a que, cuando termine algo en tu vida, sea lo que sea, lo lleves mucho mejor.

Revisa tus creencias: Te propongo que prestes atención a tus creencias sobre las separaciones y que revises qué plan hay en tu cabeza. Responde mentalmente a estas preguntas: ¿Tienes una idea muy marcada y rígida de lo que será tu vida? ¿Qué pasaría si este plan cambiara? ¿Crees que separarse es sinónimo de romper una familia? ¿Crees que se puede seguir siendo una familia con los hijos y el ex? ¿Crees que serías capaz de llevarte bien con tu pareja en caso de separación? ¿Crees que tú o tu pareja actuáis desde vuestro ego o miráis por el bien de los niños y el bien común?

Despeja los miedos: Quizá alguna vez te has planteado separarte, ahora o en otras ocasiones, a lo largo de tu vida. Te propongo que trates de identificar los miedos que quizá se activaron o se han activado para ver de dónde vienen y que, a partir de ahora, te sientas más libre al tomar decisiones. ¿Era miedo a quedarte solo? ¿Era miedo a equivocarte? ¿Era miedo al qué dirán? ¿Era miedo a perjudicar a otros y no poder complacerles? ¿Era miedo a decepcionar? ¿Era miedo a no poder cumplir las expectativas de otros o las tuyas propias? Es importante transformar los miedos inconscientes en conscientes, para así abrazarlos, respirarlos, validarlos y, si es necesario, compartirlos con alguien que te ayude a despejarlos. A veces, esos miedos esconden una baja autoestima y una falta de amor propio que es importante ver y atender.

Gratitud: Te propongo que hagas el ejercicio de repensar todos los finales que ha habido en tu vida, en especial los más difíciles de atravesar y que, aunque los vivieras muy mal y terminaras fatal con una persona o situación, los repases mientras agradeces todo lo que te han enseñado. Di: «Gracias por todo lo compartido, por lo que aprendí en esa situación, y gracias a mí por haberla transitado». Tener la posibilidad de agradecer el camino recorrido y el aprendizaje adquirido te ayudará a no quedarte atrapado en el dolor que quizá te produjeran esos hechos. A veces cuesta dar las gracias a la pareja que tuvimos de jóvenes y que nos dejó por otra persona, pero recuerda: la vida es un ir y venir de relaciones y experiencias, y estamos aquí para aprender y evolucionar. Seguro que ese hecho te hizo avanzar, aprender, y te obligó a crecer. Agradécelo también.

RESUMEN

✓ Aunque nos separemos de nuestra pareja, esa persona siempre será el padre o la madre de nuestros hijos. Por lo tanto, habrá una ruptura de la pareja, pero no del papel que compartís como padres. Tendréis que seguir trabajando en vuestra relación para que sea lo más cordial y agradable en vuestro propio favor y en el de vuestros hijos.

✓ En general, ponemos mucha atención a la hora de iniciar algo, motivados por la ilusión, las ganas y la sensación de novedad, pero muy poca al poner el punto final. Los finales requieren más atención que los principios porque están faltos de ilusión, ganas y novedad. Por eso es tan importante ponerle conciencia y atención.

✓ Si no cerramos bien las etapas, tampoco podremos abrir bien otras, y quizá nos quedemos atrapados en un bucle o patrón interminable que nos haga repetir las mismas experiencias.

✓ Tanto si estamos juntos como si nos separamos, los hijos siempre tendrían que estar en el centro, y sus necesidades a todos los niveles deberían ser atendidas.

✓ La posibilidad de ver a menudo a los dos progenitores una vez la pareja se separa ayuda a los hijos a no sentir tanta añoranza. Las ocasiones en las que comparten actividades con sus padres juntos hacen que se sientan familia, y disfrutan mucho si la relación entre los adultos es cordial y respetuosa.

✓ Las familias enlazadas cada vez son más habituales. A menudo hay mucha removida emocional por todo lo que conllevan, pero a la vez son fuente de nuevos vínculos que pueden enriquecer la vida de todos los implicados.

9

Las familias de origen

—*El domingo tenemos que ir a casa de mi madre. No fuimos el pasado y, si no vamos, se cabreará.* —*Juan estaba poniendo pasta de dientes en el cepillo y Dolo salía de la ducha en ese momento.*

—*Juan, ¿no te acuerdas de que María nos invitó a la casa que tienen en la montaña? Me apetece mucho. Pero si tenemos que volver para ir a casa de tu madre, no aprovecharemos el día...*

—*Sabes cómo se pone si no vamos.*

—*Vino ayer a pasar la tarde con Bruno, fuimos el sábado por la mañana a verla... Oye, lo del domingo no puede ser una obligación. Tampoco vamos cada semana a ver a mis padres.*

—*¿Tenemos que equilibrarlo?*

—*Sabes que no estoy diciendo eso, solo que me apetece pasar el domingo allí y terminar de disfrutar del finde sin tener que volver rápido a la ciudad. Para una vez que salimos...*

—*Estará de morros una semana.*

—*Es su problema.*

—*Y el mío, Dolo, y el mío...*

—*Lo hemos hablado mil veces... Su GRAN ocio es pasar el rato con su nieto. Entiendo que le guste ser abuela y tal, pero no puede condicionarnos los findes ni enfadarse si una semana no vamos... Ya le pusimos límites hace un tiempo y dijo que lo entendía, pero luego vuelve a la carga, a manipularte con el sentimiento de culpa y toda esa mandanga... Es agotador.*

—Dolo, no te pases, que es mi madre.

—Lo sé, y tú sabes que a veces te manipula y sabe cómo hacerte sentir mal.

—Sí, a veces sí… Pero ¿qué le voy a hacer, a estas alturas?

—Ojalá tu hermana tuviera hijos… Estaría más ocupada y repartiría su atención con otras personas.

—A ver si ahora con su nuevo novio hay más suerte que con los anteriores, pero no la veo yo muy por la labor.

—Así, ¿qué? ¿Le dices que este domingo no iremos?

—Si yo lo veo como tú, pero me sabe mal, joder, es mi madre…

—Lo sé…

Dolo se le acercó medio desnuda y le dio un beso en la mejilla.

—Porque Bruno está a punto de despertarse que, si no, te hacía el amor aquí mismo —dijo Juan en un subidón de libido, a pesar del tema que estaban tratando.

—¿Y cómo sabes que se va a despertar?

—Ah, vale, directa captada. Ven aquí…

Cuando ya llevaban un tiempo juntos, Juan y Dolo ya se dieron cuenta de que, en su relación, no estaban del todo solos. Para él, su hermana y su madre eran muy importantes, y las quería incluir en casi todo, y Dolo mantenía una relación un tanto extraña con sus padres que, a menudo, la removía. Sin embargo, con el nacimiento de Bruno, se hizo muchísimo más evidente.

Aparecía la relación que cada uno tenía con su familia de origen, y algunas situaciones acababan convirtiéndose en un auténtico conflicto. A Dolo le molestó mucho que la madre de Juan casi se instalara en su casa cuando nació Bruno. Llegaba por la mañana y nunca veía la hora de irse. Dolo sentía que no tenía intimidad en su propia casa, y las ganas de estar solos los tres se iban convirtiendo en mala leche por no poder disfrutar de unos días que ella consideraba sagrados. Ella le decía a Juan que pusiera límites y a él se le rompía el corazón al imaginarse cómo se lo tomaría su madre. Se sentía entre la espada y la pared. Comprendía a Dolo, pero también a su madre, y empatizaba con su ilusión. Hacía mucho tiempo que no la veía tan feliz, y no quería cargarse eso.

Esto provocó más de una discusión de pareja. Ella lloró muchas noches sintiendo que su compañero no comprendía sus necesidades ni la apoyaba. «Estás más preocupado por tu madre que por mí, y me da la sensación de que nos está robando estos días, que tendrían que ser solo nuestros», le dijo en alguna ocasión, y aunque Juan se había ofendido un poco, sentía que quizá tenía algo de razón.

Su madre ejercía un poder sobre él que ni siquiera era capaz de comprender. A veces se convencía de que le diría tal o cual cosa, pero era tenerla delante y toda esa fuerza se desvanecía en cuestión de segundos. Luego se sentía casi como un niño indefenso.

«Tienes que ir a terapia, tío. ¿No ves que lo vuestro es un vínculo un poco raro? Se cree que todavía tienes diez años, no te ve como un hombre, y ya va siendo hora», le decía Dolo. Él sentía que se lo debía todo a su madre. Los crio prácticamente sola porque su padre murió cuando él tenía cuatro años, y lo último que quería era hacerla sentir mal. ¡Lo pasó fatal en esa época! Luego, por suerte, con el paso del tiempo todo se fue relajando, pero a veces volvía a salir lo mismo y discutían de nuevo sobre el tema.

Con los padres de Dolo, lo que sucedía era distinto. A ella, mientras estaba embarazada, le entraron muchas ganas de pasar tiempo con su madre y de conectar más y mejor con ella, pero esta tenía un carácter un poco áspero y Dolo sentía que, cuando se veían, nada iba como le hubiera gustado. Además, siempre se metía en temas del niño: «Le das demasiado la teta», «Se va a malacostumbrar», «Yo lo hice de otra forma y no has salido tan mal»… Siempre se sentía juzgada, pero, al mismo tiempo, la quería cerca: una combinación difícil de compaginar sin dolor.

Un día, Dolo se rompió mientras hablaban por teléfono:

—Nunca estás contenta con cómo hago las cosas, y yo necesito que me apoyes, que estés conmigo sin juzgarme todo el rato.

—Soy tu madre, ¡cómo no voy a decirte lo que pienso!

—Papá es mi padre y respeta lo que hago. Podrías hacer lo mismo...

—Tienes la piel muy fina, hija.

—Encima échame la culpa.

—Ay, mira, ¿qué hago mal? Quizá lo que pasa es que tienes las hormonas disparadas... Ya hablaremos cuando no estés tan sensible.

Y su madre colgó el teléfono. Dolo lloró el resto del día, prometiéndose que ella nunca haría sentir así de mal al bebé que tenía en brazos, Bruno, cuando fuera mayor.

Aunque su madre fuera un poco áspera, después de esos roces empezó a estar más atenta, a morderse más la lengua, aunque no siempre era fácil. Al darse cuenta de que no podría cambiar a su madre, decidió comenzar a ir a terapia con una psicóloga que le habían recomendado. Sentía que la relación con sus padres tenía algunas heridas que necesitaba empezar a sanar si quería criar a Bruno libre de ellas. Y le fue muy bien porque, en esas sesiones, no solo hablaba de la relación que tenía con su madre y lo que había pasado en su infancia, sino también de Juan y de lo muchísimo que la removía su suegra. Ahí fue cuando se dio cuenta de que, en el fondo, lo que le pasaba era que estaba celosa de la conexión que Juan tenía con su madre. Le hubiera gustado sentir también esa conexión con la suya, pero nunca llegaba. De ahí esa rabia y esa molestia cada vez que su suegra se desvivía por Bruno y por ellos.

Juan tardó unos años en empezar terapia, y se dio cuenta de que muchas de las cosas que le había dicho Dolo durante todos esos años también se las decía el psicólogo al que acudía. Poco a poco, la pareja fue recolocando su infancia, y eso los ayudó a relacionarse mejor con sus respectivas familias de origen: aceptándolos como eran, estableciendo límites y eligiendo muy bien en qué batallas entrar y en cuáles pasar de largo. A medida que fueron sintiéndose más seguros, mejoraron las relaciones. Era como si su seguridad hubiera hecho que los *abuelos los trataran como a los adultos que eran, no como a los niños que hacía un tiempo veían criando a Bruno.*

Porque fue un cambio para todos. Ni ellos habían sido padres ni los otros habían sido abuelos y, por lo tanto, todos tuvieron que aprender salvando los obstáculos que fueron apareciendo por el camino. Un día, Dolo le preguntó a Juan:

—¿Tú crees que seremos unos buenos abuelos si Bruno tiene hijos?

—Pues ahora te diría que sí, porque confío plenamente en nosotros, pero seguro que tendremos mucho que aprender. Porque, además, ¿y si no nos cae bien su pareja?

—Ay, calla...

—Es que menuda removida esto también. Que tenga pareja, hijos... Porque yo creo que lo veré siempre como mi hijo, como un niño...

—Por favor, Juan, que te parecerás a tu madre, ¡que le ha costado la vida tratarte como a un adulto...!

—Creo que, con todo lo que hemos pasado, con las movidas que hemos tenido, lo tendremos en cuenta, respetaremos sus decisiones y seremos más cautos y asertivos —dijo Juan en un ejercicio de confianza.

—A lo mejor para entonces somos tan viejos que no nos acordamos de lo que hemos vivido, unos viejos chochos que cada dos por tres los visitamos sin avisar.

—¡Ni de coña! Antes nos vamos a una residencia de esas repletas de viejos en Estados Unidos y nos pasamos el día jugando a las cartas bajo una palmera de Miami.

—¿Dónde tengo que firmar?

—¡Loca!

Se abrazaron y, a los tres segundos, Bruno corrió hacia ellos al grito de «¡Yo también!».

CUANDO LA RELACIÓN CON LOS ABUELOS AFECTA A LA RELACIÓN DE PAREJA

Son muchísimas las parejas que discuten por temas que no tienen nada que ver con ellos, sino con sus familias de origen. Cada uno tiene sus propias vivencias y dinámicas familiares con sus padres y hermanos, y a veces acaban afectando al núcleo familiar, ya sea porque se remueven, lo pasan mal cada vez que se reúnen y vuelven a casa hechos polvo, o porque hay situaciones que no gustan o molestan a la pareja. Me refiero a comportamientos y actitudes que quizá uno de ellos ha normalizado porque lo ha visto hacer toda la vida, pero la pareja, cuando lo ve, alucina: se chinchan, se hablan con desprecio, se gritan o hay mucha manipulación emocional, dinámicas que chocan… A veces, el que ha vivido en familias así no es que lo normalice, sino que ha tirado la toalla y ya no intenta cambiarlos. El tema es que, cuando llegan los hijos, todo está mucho más claro y hay una removida emocional tremenda.

Algunas personas dicen: «Yo no quiero que mi hijo viva lo que yo he vivido», «Lo que mis padres me decían a mí, no voy a dejar que se lo digan a mi hijo», etc. Pero del dicho al hecho… ya sabes, hay un trecho. Porque, a la hora de la verdad, a muchos les cuesta decirles a sus padres cómo se sienten cuando pasa A o B. Existe cierto miedo al expresarse, porque no les quieren ofender o porque no saben cómo comunicar cuestiones tan delicadas a personas que están, muchas veces, muy ilusionadas con la aparición de un nuevo miembro en la familia.

Somos una sociedad emocionalmente analfabeta, y eso queda en evidencia en el contexto familiar. Hay muchísimas familias en las que nadie expresa cómo se siente, solo aparenta estar bien. No se abordan los conflictos y se han reprimido siempre las emociones. Llevamos siglos de analfabetismo emocional que se ha ido transmitiendo de generación en generación… Y ahora que atendemos un poco más a esta parte del ser humano, nos damos cuenta de lo faltos

tirlos lejos, distantes y no ilusionados con sus nietos, sin querer pasar tiempo con ellos, etc., les provocaba mucha frustración y tristeza. Muchos habían vivido algo parecido a la desconexión en la infancia, pero esperaban que, con la llegada de los nietos, eso cambiaría. Al ver que no, la frustración es doble, y muchos tienen que transitar el duelo de los padres que no han tenido y de los abuelos, que tampoco serán como habían imaginado.

- **Los abuelos que hacen todo lo contrario a lo que les piden los padres.** Si la madre les pide que no le den chocolate al niño, chocolate que le dan. Si el padre les pide que no le dejen ver la tele, tele que ve el niño. Estos padres muchas veces se sienten ninguneados, incluso desautorizados por los abuelos que, lejos de tener en cuenta la crianza y la opinión de la pareja, se las pasan por el forro. Algunos intentan hablar con ellos, sin que tenga ningún efecto positivo, al contrario. «Te he criado, y no has salido tan mal», «A ver si vas a tener que enseñarme tú a mí cómo hay que tratar a un niño», «Todo lo que decís ahora es fruto de una nueva moda, y parece que dar dulces a un niño sea pecado». Hay disparidad de criterio en valores, en límites, y esto crea mucha tensión y malestar en los niños y en los padres.

- **Uno de los dos miembros de la pareja tiene mala relación con sus suegros.** A veces pasa, ya sea por personalidades que no encajan, por cuestiones del pasado que no se han sanado o reparado, porque esa persona siente que nunca ha sido aceptada por los padres de su pareja o porque estos preferían a una antigua novia que les gustaba más. En cualquier caso, cuando hay mal *feeling* entre uno de los miembros de la pareja y sus suegros se genera una situación muy delicada y dolorosa, en especial para la persona que está en medio: el otro miembro de la pareja. Es muy desagradable sentir que se está en medio de una relación en la que hay tensión constante, aunque se disimule. Cuando eso ocurre, se complican las comidas familiares, los encuentros e incluso, a veces, la relación con el nieto. Lo que se hace en algunos casos es visitar a los abuelos sin el progenitor que se lleva mal con ellos, pero no deja de ser una situación incómoda para todos, también para el niño, que nota que mamá o papá no traga a sus abuelos.

- **La pareja no está de acuerdo en cómo tiene que ser la relación con los abuelos.** En ocasiones, uno siente que precisa más distancia, intimidad y conexión con la familia nuclear, pero la otra persona tiene la necesidad de que su familia de origen esté muy presente. O uno cree que es suficiente con ver a los abuelos una vez al mes y el otro cree que deberían verse cada semana. Uno quiere ir a pasar el fin de semana al pueblo con ellos y el otro no, etc. Esta diferencia de opiniones produce mucho dolor a ambas partes, y necesitarán hablar mucho para encontrar un equilibrio que satisfaga al máximo a todos.

- **La pareja, o uno de los dos, siente que los abuelos son invasivos.** Cuando los abuelos hacen visitas inesperadas, se quedan demasiado tiempo en casa o se autoinvitan a eventos que la familia nuclear tiene planeados, se crean situaciones incómodas en las que o bien los padres ponen límites o no dicen nada y lo sufren internamente. Por lo general, son personas que empatizan poco y que no se dan cuenta de las necesidades de los demás o no las quieren ver porque priorizan las suyas. Los abuelos narcisistas y egocéntricos tienden a tener en cuenta solo lo que a ellos les apetece, dejando al margen si es un buen momento para sus hijos, si quieren verlos, etc. Por eso se crean situaciones muy desagradables e incómodas que generan mucho malestar en los padres.

Es habitual que, cuando estos ponen límites y comunican a los abuelos sus necesidades, estos se ofendan y estén días o semanas sin hablarles, por ejemplo.

Hay muchas otras situaciones que pueden darse en el universo que comparten padres y abuelos cuando hay nietos, pero las que he expuesto son las que considero más habituales. Todas ellas provocan mucho sufrimiento y dolor que solo podremos superar si hay voluntad de acercar las posturas, toma de conciencia y mucha comunicación asertiva.

Quién tiene que poner límites y cómo

En cada conferencia que doy, no falla; en el turno de preguntas, alguien levanta la mano y dice: «¿Y cómo lo podemos conseguir, si no nos gusta lo que hacen o lo que ocurre cuando los abuelos están con ellos? ¿Cómo les ponemos límites?», o la variante «¿Y si intentamos llevar una crianza consciente y respetuosa, y los abuelos actúan a la antigua usanza? ¿Qué hacemos en ese caso?». Yo la llamo la pregunta del millón, porque en cada conferencia espero que salga, y ten por seguro que, cuando aparece, se hace el silencio más absoluto, porque a la mayoría le resuena.

Pues bien, ¿qué ocurre cuando no vamos a una con los abuelos, ya sea en temas de crianza o en dinámicas que se van estableciendo, como visitas, comidas familiares y demás? Primero, debemos tener muy claro qué queremos y qué necesitamos. No podemos entablar una conversación tan delicada con nuestros padres o con nuestros suegros sin estar seguros de qué nos hace sentir mal o qué queremos. Y esto no es fácil, porque no nos han enseñado a escucharnos y a respetar nuestro sentir, y muchas veces lo que ocurre es que notamos cierto malestar cuando estamos con ellos, pero no sabemos muy bien por qué. Una vez tenemos claro qué está ocurriendo, qué no queremos que pase y qué necesitamos como familia, llega la hora de comunicarlo. A muchas personas esto les incomoda mogollón, pero créeme: hay que hacerlo.

Porque no comunicarlo es mucho peor. Uno traga, traga y traga hasta que el malestar es ya tan grande que, cuando al final se acaba comunicando, se hace mal, de una forma nada asertiva, y esto hace perder fuerza a lo que queríamos transmitir. Otras veces lo que ocurre es que se opta por no decir nada porque, total, no los vamos a cambiar, son mayores, etc., y esto acaba pasando factura a quien traga y calla. No se respetan las necesidades propias, se aceptan y validan actitudes que hacen daño, se crea un malestar que no es visto ni atendido ni por quien lo provoca ni por quien lo vive, etc. Se propaga el dolor, y esto tiene consecuencias en todas las relaciones presentes y en el bienestar físico, emocional y psíquico de la persona que lo sufre. Así que no te recomiendo la nula gestión de una situación de conflicto. Al contrario: el conflicto es inherente a la vida y, como tal, hay que afrontarlo de la forma más consciente, conectada y asertiva posible.

El título de este apartado empieza por un «quién». ¿Quién tiene que hablar y comunicar el malestar o los deseos de la familia? Yo recomiendo que sea el hijo o la hija. Es decir, supongamos que tenemos un problema con mis padres: es mejor que lo hable yo con ellos. Si fuera con los suegros, lo mejor es que lo hiciese mi marido. ¿Por qué? Porque suele ser más fácil por la confianza que hay y lo mucho que nos conocemos. Esto no significa que no vaya a ser incómodo o que no implique un conflicto. Es probable que aparezca el malestar durante la conversación, ya sea en el hijo o en los padres. Pero, probablemente, a lo largo de la vida, nos hemos enfrentado a muchos conflictos y los hemos superado, aunque haya quedado alguna herida. Así que también podremos afrontar una conversación quizá un tanto incómoda.

Como siempre, el devenir de esta charla delicada dependerá de cómo seamos todos. Cuanto más comprensibles, empáticos y compasivos seamos, más fácil será, pero claro, si hubiera tanta comprensión, empatía y compasión, quizá no se hubiera producido el conflicto. Cuanto más enganchados al ego, menos empatía y más desconexión haya, más difícil será llegar al entendimiento. Una vez te he dicho quién tiene que afrontar cada conversación, veamos cómo hacerlo.

Recuerda lo que ya te he contado sobre comunicación asertiva y conectada: debemos comunicarnos desde nuestro sentir. «Estos días, con Bruno recién nacido, necesitamos estar solos y muy conectados porque nos estresamos y nos sentimos muy inseguros. Nos gustaría que, si queréis venir, nos preguntarais antes cómo vamos, porque a veces, cuando aparecéis sin avisar, sentimos que no es un buen momento y eso nos crea malestar. Solo os pedimos que llaméis cuando queráis venir y veamos qué hora es la mejor para todos». Otro ejemplo: «Cuando estamos en vuestra casa y le ponemos algún límite a Bruno, como que ya no puede comer más chocolate y se lo dais igual, nos sentimos muy desautorizados por vosotros, y eso nos duele. Os agradeceríamos que respetarais los límites y normas que le ponemos».

Comunicarnos de forma asertiva no es garantía de que la conversación vaya bien o de que nos entiendan y nos digan: «Claro que sí, hijo, lo siento mucho, no volverá a pasar». Pero, tenemos más puntos para que suceda, dependiendo de cómo sean nuestros padres. Porque hablamos desde el cómo nos sentimos, y como son emociones que ellos también pueden haber sentido en algún momento, es más fácil empatizar. En todo caso, lo importante es no perder las formas y mantener la calma y la serenidad tanto como nos sea posible, porque, si las perdemos, eso nos resta autoridad, y automáticamente pueden soltar frases muy típicas, como «Mira cómo te pones. Desde que tenéis al niño estáis imposibles, no hay quien os entienda. Mira que hablarnos así. Ya te vale, con lo mayores que somos…». Además, cuando nos comunicamos mal, ya sabes lo que viene después: la culpa, el remordimiento y la sensación de que no se ha entendido lo que hemos querido decir porque no lo hemos expresado bien.

Pero ¿merece la pena comunicar cómo nos sentimos o lo que queremos, o es mejor dejarlo pasar y, en todo caso, poner distancia? Pues mi respuesta es que depende. Depende de si tenemos padres y suegros con los que se puede hablar y pueden empatizar, y si contárselo no supone la debacle del siglo. En caso contrario, debemos valorarlo bien, porque si decirles lo que necesitamos significa que lo que nos van a decir nos va a hacer aún más daño, no lo entenderán ni respetarán y seguiremos igual, no merece la pena el esfuerzo. En estos casos, es mejor escuchar nuestras necesidades y fijar unos límites que nos hagan sentir el máximo bienestar posible. Es difícil y doloroso cuando se siente que no se puede comunicar a personas tan cercanas algo que para nosotros es vital en ese momento. Pero se tienen los padres que se tienen, y a veces toca aceptarlo (que no significa que nos tenga que gustar), pasar el duelo de lo que con ellos no puede ser y poner unos límites claros y conscientes.

En los casos de los padres que tienen en cuenta el sentir de sus hijos, que los escuchan y empatizan con ellos, estas conversaciones suelen ir muy bien para salvar distancias y posibles roces que haya habido y volver a conectar profundamente desde un lugar mejor. He tenido parejas que me han contado: «Suerte que se lo hemos dicho. Lloramos un poco en ese momento y no fue nada cómodo, pero ahora estamos mejor que nunca. Ojalá lo hubiéramos hecho antes, nos habríamos ahorrado mucho sufrimiento».

Sin embargo, a veces lo que ocurre es que hay abuelos que creen que tienen derechos sobre sus nietos que pasan por encima de lo que digan, crean u opinen sus padres, y eso dificulta muchísimo la buena relación y el buen entendimiento. Porque no olvidemos que en el mundo también hay madres y padres tóxicos.

Dinámicas y apegos tóxicos

Lo más difícil que me ha tocado acompañar en estos casos son las relaciones tóxicas entre padres e hijos adultos. Cuando existe una dinámica tóxica, a veces el hijo que la ha sufrido durante toda la vida empieza a darse cuenta de lo que vivió y de lo que no quiere reproducir justo cuando nace su bebé. Porque, si hay apegos tóxicos entre padres e hijos, cuesta muchísimo quitarse la venda de los ojos. Se ha producido una manipulación emocional constante tan bestia y durante tantos años que, de alguna forma, se ha aniquilado la capacidad de ver lo que estaba ocurriendo. Luego, cuando el adulto va despertando y se va dando cuenta (a veces gracias a la mirada de su pareja, que no da crédito al tipo de relación que tienen), aparece un dolor tremendo.

Primero, al ver que han abusado de él a nivel psicológico y emocional personas que supuestamente son las que más nos tienen que cuidar, proteger y querer. Segundo, porque aparece el duelo: el duelo por los padres que creía que tenía y no son, y el duelo por los padres que nunca tendrá y que le gustaría que fueran. Porque siempre está la esperanza de que, tarde o temprano, cambiarán, se darán cuenta, que al final sabrán acompañar y validar todo lo vivido y que quizá, incluso, pedirán perdón, reparando así el daño hecho. Pero, cuando hay una persona tóxica, esto es difícil si no empieza un camino de crecimiento personal importante. Y si no es posible, viene mucha pena y un dolor que cuesta atravesar, en especial en una etapa (la maternidad y la paternidad recientes) en la que a menudo es necesario sentirse muy sostenido y apoyado por la familia de origen.

En esos casos, es importante poner distancia para recorrer el camino de redescubrimiento personal y recolocación de la niñez, pero también para protegernos en un momento de máxima vulnerabilidad. Cuando no se pone, a menudo la toxicidad de la relación acaba afectando a la pareja. La persona de fuera ve el dolor que el padre o la madre infringe a su compañero y, obviamente, le remueve. Esto hace que intente hacer ver a su pareja lo que está ocurriendo, lo que produce una removida aún mayor a la persona, que ya va viendo la dinámica de la que todavía no puede escapar. Luego aparecen enfados porque ese hijo adulto, que ha recibido tanta toxicidad durante toda la vida, no es capaz de poner límites y distanciarse de las personas que le hacen daño.

Cuando he acompañado a parejas en esta situación, he sido testigo del dolor de ambos. Y es un dolor terrible porque se veían, de alguna forma, afectados por las garras de una relación tóxica con la que no sabían qué hacer. No es fácil salir de ahí, y se necesita mucha conciencia, mucho trabajo personal y mucha fortaleza para decir «Hasta aquí» y empezar a poner límites. Lo habitual cuando esto pasa es que los abuelos, o uno de los dos, se indigne. No está acostumbrado a que le lleven la contraria, y se sulfura porque no reconoce al hijo que tiene delante. Lo siguiente es desautorizarlo («No estás bien de la cabeza», «Te has vuelto loco...»), para después culpabilizarlo («Cómo me haces esto», «Cómo le dices esto a tus propios padres», «Es que hay que ver lo poco que me quieres», «Con todo lo que he hecho yo por ti»...).

Por supuesto, no hay ningún tipo de escucha activa, de conexión con las emociones de la otra persona ni de validación de sus sentimientos, al contrario. Por eso muchas personas evitan comentar nada, porque, de alguna forma, saben que, de nuevo, los invalidarán, deslegitimarán y criticarán, y sienten que no pueden aguantar el dolor. Pero, cuando eso ocurre, a veces la pareja no lo entiende porque necesita que haya distancia, separación y alejamiento de la persona tóxica, y a menudo esto acaba afectando a la relación.

La forma de abordarlo es comprendiendo profundamente el dolor que hay en el presente, pero también acogiendo todo el que ha habido en el pasado, sabiendo que es muy probable que no seamos del todo conscientes de él. Desde ahí, y con mucha comunicación en pareja, podremos sostener lo que conlleve este momento de confrontación, pero también podremos tomar decisiones, como, por ejemplo, qué límites poner: espaciar las visitas y comidas familiares, o incluso, en algunos casos, cortar con la relación, lo que sucede en situaciones muy extraordinarias.

HERMANOS Y OTRAS RELACIONES FAMILIARES

En ocasiones, la removida fuerte no es con los abuelos, sino con otras personas de la familia, como los hermanos, los tíos... Estas removidas se manifiestan más en encuentros familiares como comidas, cenas, celebraciones... Es curioso: muchas veces, las relaciones entre hermanos que han estado muy marcadas por la rivalidad y las comparaciones se manifiestan de esta manera cuando ambos tienen hijos. De vez en cuando, los celos llegan en forma de «Los abuelos cuidan más de sus hijos que de los nuestros» o bien en forma de comparaciones entre los hijos, que, de forma inconsciente, proyectan en los niños sus propias infancias.

Esto también es muy angustiante, porque esconde un dolor profundo por haberse sentido inferior de niño. Quizá se sintió poco mirado, con poca exclusividad, o puede que fuera víctima de constantes comparaciones del entorno entre los hermanos. Algunos son capaces de dejar todo eso en la infancia y, de adultos, relacionarse superbién, entendiendo que eran pequeños y que hicieron lo que buenamente pudieron con lo que vivieron y el acompañamiento emocional que tuvieron (que quizá fue poco). Pero otras veces no son capaces de hacerlo, y esos celos y esa rivalidad que existían en la infancia se mantienen, aunque de forma velada e inconsciente. Es decir, a lo mejor les gustaría llevarse bien, pero, cuando se ven, saltan chispas. Es el dolor pasado que, con el presente (los hijos) haciendo de espejo, sale a la luz.

Me acuerdo de unas hermanas que sintieron mucho malestar durante la infancia. La mayor creía que se habían olvidado de ella cuando nació la pequeña, y lo pasó muy mal porque se sentía invisible a ojos de sus padres. Eso le provocaba mucho malestar que vertía en la peque, que no entendía nada y se moría de ganas de ser aceptada por la mayor, a la que admiraba. Los padres, molestos con el comportamiento de su primera hija, la reñían y castigaban, pero no atendían su dolor, ni siquiera lo comprendían o lo veían. Solo se fijaban en su comportamiento, no en la raíz de este.

Así que lo que hacían los padres nutría aún más el malestar de la mayor, que machacaba a la pequeña. Y cuanto más sucedía, más protegían los padres a la peque y rechazaban a la mayor, que sentía, a veces, que no pertenecía a esa familia. El sentimiento de no pertenencia es muy doloroso. Es como si en casa hubiera un equipo y no formaras parte de él, y, si no estás en él, te quedas solo. El tiempo pasó y su relación, aunque fría y distante, era cordial. Pero dio la casualidad de que las dos tuvieron niñas y, cada vez que iban a casa de sus padres a una comida familiar, saltaban chispas. En el fondo, ambas proyectaban las injusticias que cada una había sentido en la infancia en las pequeñas que tenían delante, y la interacción de los abuelos con ellas encendía todas las alarmas de un pasado no sanado.

Trabajé con una de las hermanas: la ayudé a entender lo que le pasó en la infancia, validé sus sentimientos y los acogí para que pudiera abrazar su herida, que era muy grande. Poco a poco, fue entendiendo que ella también había participado de todo ese dolor, sin saberlo, y que lo propagaba en la actualidad de forma inconsciente hacia su hija y su sobrina. En ese momento no pudo resolver el mal rollo que había con su hermana —tampoco era el motivo que la había llevado a mi consulta—, pero pudo hacer lo que necesitaba: comprender por qué se sentía así cuando iba a casa de sus padres y estaba su hermana. De esta manera, fue capaz de quedarse en paz, lidiar mucho mejor con esas situaciones y dejar de engancharse a ellas a nivel emocional. Pudo poner límites, legitimar lo que ella sentía y, de alguna forma, sanar en parte su herida. El colofón hubiera sido sanar también la relación con su hermana, pero, para conseguirlo, las dos personas tienen que estar dispuestas, y una de las partes no lo estaba. Pero que no lo estuviera no significa que no lo pueda estar en otro momento. Quién sabe…

Hay dinámicas que a veces, con la llegada de los hijos, necesitamos que cambien. Ese tío al que nadie le decía nada por chinchar a todo el mundo nos molesta cuando fastidia a nuestro hijo, y decidimos no tolerarlo más. O la forma de relacionarse algunos familiares, que antes, aunque nos molestara, la ignorábamos, pero ahora no queremos que nuestros hijos sean testigos de ese mal rollo o de esos gritos.

Sea como sea, todo pasa por escucharnos y darnos lo que responde a nuestra esencia. Es necesario que lo que sintamos, pensemos y hagamos esté sintonizado y en coherencia con ella, porque, si no es así, sufrimos. El problema es que a veces nuestra autoestima está regular y sentimos que no somos nadie para pedir o acabar con determinados comportamientos disruptivos en la familia. Bueno, quizá está bien darse cuenta de qué nos impide pedir lo que necesitamos o dárnoslo y empezar a tirar del hilo. Los hijos lo hacen: te ponen delante el espejo y, como tengas la autoestima baja, te enseñan, indicando por dónde debes empezar a trabajar. En este ejemplo, lo primero será poner nuestra autoestima en su sitio y luego, con más fuerza y seguridad, decir lo que sentimos o poner límites a lo que no queremos en nuestra vida ni en la de nuestros hijos.

Es un proceso de crecimiento personal que, si lo dejamos fluir y nos empapamos de él, nos llevará a ser mucho mejores: más conscientes, más felices y más conectados con el entorno, con nosotros mismos y con los demás.

Pero… ¿y si los necesitamos?

En una conferencia, después de preguntarme «¿Qué podemos hacer cuando los abuelos ignoran lo que les decimos?» y responderles que hablar con ellos y poner límites, repreguntaron: «Pero ¿y si los necesitamos?». ¡Bum! Ahí estaba un melonazo a punto de abrirse. Respiré hondo y respondí de la forma más empática y clara que me fue posible.

Vivimos en una sociedad mal montada para las familias, en concreto, para la infancia. Los niños pasan demasiadas horas separados de sus adultos de referencia en aulas con ratios demasiado elevadas, y los padres tienen que trabajar muchas horas para pagar todos los gastos que hoy en día tiene una familia. Si a esto le añadimos poca flexibilidad laboral y horarios nada fáciles de compaginar con recogidas en el cole, extraescolares, etc., muchas familias tiran de los abuelos para cuidar de los niños cuando ellos no pueden. Algunos están encantados con esta situación y se desviven para cuidar de sus nietos, y cuanto más tiempo, mejor. Otros, aunque los adoran, lo hacen para ayudar a sus hijos, pero, según la cantidad de días que los cuiden, se agotan.

Y claro, sentir que no nos gusta cómo educan y crían a nuestros hijos y a la vez dejárselos de lunes a viernes para que lo hagan cada tarde parece contradictorio. Es complicadísimo, porque hay quien no puede permitirse otra opción ni tiene la posibilidad de dejar el trabajo y buscar otra cosa por la necesidad de un dinero que no puede faltar. Pero esto está desalineado con lo que te contaba antes de encontrar una sintonía entre lo que sentimos, lo que pensamos y lo que hacemos.

Si pensamos que los abuelos lo hacen mal, que no los acompañan como nos gustaría y sentimos que no nos parece bien que pasen tantas horas con nuestros hijos, pero luego les pedimos que los cuiden cada día, se crea una incoherencia que quizá nos costará sostener. Al menos será dolorosa porque, dependiendo de cómo lo vivamos, podemos vernos en constantes conflictos fruto de no estar alineados.

Tampoco creo que sea justo pedirles que se hagan responsables de nuestros hijos cada tarde y luego fiscalizar todo lo que hacen y reprochárselo, cuando en realidad nos están haciendo un favor. Si estamos tan en desacuerdo, busquemos salidas, pero es una mala solución mantener conflictos diarios que es probable que repercutan en nuestros hijos, porque verán discusiones y malestar.

Porque en este tema hay mucho que reflexionar. Los abuelos ya tuvieron a sus hijos, y ahora nos toca a nosotros criar y cuidar. Y sí, todo está muy mal montado, y no estoy diciendo todo esto para hacer sentir culpable a nadie, pero debemos responsabilizarnos y ser conscientes de qué hacemos y por qué. De revisar nuestras prioridades y estilo de vida. De tener claros nuestros valores como pareja que cría a unos hijos y como familia. ¿Qué queremos y cómo podemos hacerlo para que lo que queremos sea una realidad en nuestro día a día?

Y toda decisión conlleva unas renuncias, pero cuando estas decisiones se toman de forma consciente y con seguridad, el camino se hace más llano y transitable.

Momentos clave

Si tuviera que elegir un momento clave en el que todo lo que cuento en este libro se manifiesta y a veces se multiplica por tres es en Navidad. Madre mía, lo removidas que son esas fiestas en las que millones de familias (se lleven bien o no) se reúnen para comer juntas. Es un momento en el que todas las dinámicas inconscientes se ponen en marcha y crean situaciones que muchas veces provocan malestar. Se activan tantas emociones durante las horas de encuentro y las posteriores que se podrían escribir mil libros sobre el tema. De verdad, es el festival emocional por excelencia, ¡ja, ja, ja!

En mi novela *RemoVidas* quise plasmar todo eso en varios cuentos situados en esas fechas. En ellos presento distintas dinámicas familiares llenas de heridas que no son vistas ni atendidas, y que la mayoría de las veces duelen a todas las partes. Y es una pena, porque podría ser todo muy bonito y agradable si hubiéramos solucionado más temas. Sin embargo, mirar hacia dentro y atender todo lo que nuestro interior nos cuenta no cotiza al alza, sino que lo que se estila es mirar para otro lado, hacer oídos sordos a lo que grita el corazón y tirar millas. Pero lo que no se quiere ver está destinado a repetirse una y otra vez hasta que sea atendido.

¿Cuántas personas van a encuentros familiares que no les apetecen? ¿Cuánta gente critica esa comida o cena familiar, pero va y hace ver que se lo está pasando bien mientras, por dentro, todo le arde? Estamos tan desconectados de nosotros mismos que priorizamos el quedar bien, el qué dirán y el complacer por encima de darnos bienestar y salud emocional.

«Pero es que si digo lo que quiero, que es no ir, se monta la de San Quintín, y mi padre y mi madre me retirarán la palabra durante dos meses». Puede que sí, que les cueste aceptar que un hijo se escuche y decida no acudir si, cuando lo hace, sufre, pero, en todo caso, no está en nuestras manos hacer que se lo tomen de otro modo. Cada cual elige cómo vivir su realidad, sea consciente o inconscientemente, y somos responsables de cómo decidimos vivir la nuestra.

En Navidad se dan una serie de convenciones sociales, culturales y familiares tan bestias que a veces cuesta salirse del rebaño y hacer algo distinto, como escucharse y respetar lo que uno quiere hacer esos días. En mi caso, disfruto muchísimo de las reuniones familiares y siento que no me remueven en absoluto más que para sentir gozo, agradecimiento y mucha felicidad por estar todos juntos. Pero no siempre fue así. Cuando mi hija mayor era pequeña, me agobié muchísimo. Tenía cuatro meses, y yo sentía que ella no necesitaba para nada esas reuniones con más de veinte personas con todo lo que eso implica. No me escuché y acabé sucumbiendo a las convenciones sociales. Fuimos a todos los encuentros familiares y ahora, mucho más empoderada y segura de mí misma, siento compasión por esa mamá que creía que no podía darse la oportunidad de no acudir.

Mucho antes de tener a mis hijas y de hacer terapia personal, la Navidad me removía muchísimo. Más de una y dos veces había sentido alegría, pero también tristeza, rabia, celos y mucho más por unas heridas que, en esos encuentros, volvían a florecer de manera inconsciente. La terapia me ayudó a poner luz sobre ellas, y poco a poco los encuentros familiares fueron dándome más paz, a la vez que me permitía fijar mis límites, escucharme y respetarme. Fue un proceso de crecimiento personal muy bestia, como lo puede ser cada encuentro familiar que queramos transitar de forma consciente y con atención.

¿Qué siento? ¿Adónde me lleva esta emoción?
¿Cuándo la he sentido en el pasado?
¿A qué hechos me remite?

Si somos capaces de usar todo lo que vivimos cuando nos reunimos, podremos dar un gran salto para poner más conciencia y vivirlo desde otro lugar, menos removidos, más presentes y de una forma más plena.

Otro momento clave son los cumpleaños. ¿Verdad que parecen bonitos e inofensivos? ¡Pues telita con los cumples de los niños que llegan a una familia...! Los cumpleaños nos conectan con la celebración, la fiesta, pero también con un montón de emociones inconscientes relacionadas con esa efeméride. En los años que facilitaba grupos de apoyo a la crianza y atendía a mamás con bebés recién nacidos y de hasta poco más de un año, recuerdo lo mucho que las removía el primer cumple. Primero, porque días antes ya empezaban a rememorar todo lo vivido antes de que el bebé naciera; segundo, porque, a medida que se acercaba la fecha, todo lo que no había sido muy bien digerido aparecía de nuevo. Las emociones y sensaciones corporales, que a veces se expresaban con un trancazo o fiebre, hacían que el primer cumple quizá no fuese como les hubiera gustado o habían planeado. Si a eso le añades la familia y todo lo que a ellos les remueve que ese bebé cumpla un año, en ocasiones se producía un auténtico malestar familiar y de pareja: abuelos que querían una gran fiesta, o celebrarlo el día D con su nieto, pero la pareja prefería que fuera un acontecimiento íntimo y celebrarlo otro día; tíos que decían que no acudirían a la fiesta porque se iban de fin de semana, y el disgusto consiguiente para la pareja, que lo vivía como uno de los momentos más importantes del año, etc. Sí, hay removida familiar total en los cumpleaños, y está bien hacerlo consciente para que, si pasa, lo veamos con otros ojos.

Debemos ser capaces de entender el porqué y atender las emociones que todo eso provoque. Las emociones están para hacernos ver cosas que necesitan ser atendidas, no lo olvides, así que tómatelo como un regalo. Si surgen, es para ayudarte a transitarlas con los ojos y el corazón abierto.

Para terminar con este apartado, otro momento clave son las vacaciones. Ya sabes, lo de pasar unos días de supuesto relax con la familia de origen en un apartamento familiar o en el pueblo, ir a una casa rural todos juntos, etc. Si antes te contaba que un mero encuentro familiar de unas horas ya puede ser tela marinera a nivel emocional, imagínate un fin de semana todos juntos o quince días en agosto en el pueblo.

Podrías pensar que, si se decide pasar unos días en familia, es porque todos se llevan la mar de bien y, en apariencia, no debería ser un problema. Bueno, eso es la teoría. Piensa que la convivencia hace aflorar muchas cosas que, cuando no se pasan tantas horas juntos, no se ven, y se puede entrar en dinámicas que nos remuevan porque nos recuerden a las que existían en la infancia, por ejemplo. Esto puede suponer una removida para la pareja porque quizá uno quiere ir a estas quedadas más largas, pero otro no lo vive tan bien. Si encima hay más niños pequeños en la familia, se pone en evidencia cómo cría cada pareja a sus hijos, y a veces esto choca. Los niños se relacionan y, obvio, pueden aparecer conflictos, y las diferencias en la manera de gestionarlos o lo que ocurra en ellos puede remover emocionalmente, y no poco. Porque, en el fondo, muchas veces se cae en la proyección y la comparación, y esto no ayuda a resolver lo que vaya aconteciendo de una forma asertiva.

Sea como sea, si se presenta la ocasión de pasar unos días juntos, habladlo largo y tendido con vuestra pareja para que sea algo que os apetezca y que podáis vivir de forma consciente y realista, sabiendo que quizá pasarán cosas que os remuevan. Lo importante, sin embargo, no es eso, sino que estéis dispuestos a, si pasa, verlo con perspectiva, abiertos a aprender lo que ese momento y esas emociones os vengan a contar, y que lo hagáis con una buena comunicación con la pareja.

A veces, la tensión que se produce durante esos fines de semana o vacaciones todos juntos, como se reprime cuando hay momentos compartidos en familia, se descarga luego con la persona de confianza, la pareja, y eso puede producir mucho roce y malestar. Comprometeos a daros espacios a solas durante esos días con la familia, para que podáis hablar de cómo os vais sintiendo y de lo que va ocurriendo. Para analizarlo juntos, para sosteneros en caso de que os sintáis mal e ir procesando la posible removida. Eso os ayudará a no desconectaros el uno del otro y a mantener vuestro núcleo fuerte, amoroso y seguro.

EL VÍNCULO ABUELOS-NIETOS

Soy quien soy gracias también al vínculo que he tenido con mis abuelos. Mis abuelos han sido y son muy importantes para mí, y me han transmitido seguridad, amor y apego seguro en todo momento de mi vida, también ahora. Con mis abuelos maternos —que siguen vivos con noventa y uno y noventa y cuatro años— mantengo un vínculo increíble, y todavía disfruto de la superrelación que tenemos, en especial con mi abuela, que es una persona clave en mi vida.

El vínculo abuelo-nietos puede ser muy potente en la vida de una persona, más allá del que se tiene con los padres. A veces, por desgracia, esto no puede ser porque no ha habido relación con ellos o porque murieron cuando éramos muy pequeños, por ejemplo. A veces se cree que solo se puede tener una buena relación entre nietos-abuelos cuando estos últimos tienen una muy buena relación con sus hijos, pero no siempre es así.

Es alucinante: las veces en las que he acompañado a parejas que tenían dificultades con los abuelos, algunos me han dicho, incrédulos: «¿Te puedes creer que, con la de marrones que tenemos con la abuela, pues resulta que nuestro hijo tiene un vínculo brutal con ella? Es algo que vimos desde el primer día. Quiere estar con ella desde que era un bebé, y tienen una conexión muy fuerte». ¿De dónde vienen esas conexiones tan fuertes, incluso entre abuelos y nietos que se ven de uvas a peras? ¡Quién lo sabe! Forma parte del misterio de la vida, pero lo que quiero es que seamos conscientes de ello, que nos demos cuenta de que, por un lado, está nuestra relación con los padres y los suegros, y, por el otro, la de ellos con nuestros hijos, y esta puede sorprendernos.

Una mamá me decía el otro día: «Me remueve que mis suegros, todo lo que no son capaces de hacer con mi marido, como tratarlo con respeto, decirle que le quieren y apoyarlo, lo hacen con su nieto. ¿Cómo es posible eso? Me da mucha rabia». Como pareja, tenemos que comprender que a veces ocurre: con nosotros ya hay una dinámica, pero con un nuevo miembro de la familia, tan pequeño y vulnerable, se abren nuevas posibilidades, incluso de ser distintos a como se ha sido en el pasado a nivel de expresión de cariño y apoyo. Con las nuevas relaciones a veces nos permitimos, de forma inconsciente, ser de una forma nueva, pero cuesta reproducirlo con otras personas con las que ya hay mucho sin decir y muchas heridas que sanar.

Procurad abrir el foco y poner perspectiva a todo eso. Revisad la relación con los abuelos e intentad que todo esto no acabe afectando a vuestra relación de pareja. Será posible si le ponéis mucha comunicación asertiva, escucha activa y conciencia. Si solos os cuesta, buscad ayuda profesional.

TE PROPONGO...

Los hilos invisibles: Te propongo que, durante el día de hoy y los próximos, pares unos minutos para conectar con los hilos invisibles que te unen a tus padres, a tus hermanos, a tus primos... y que te fijes en su estado de salud. Porque unas veces tenemos vínculos muy seguros y sanos y otras no. En ocasiones, esos hilos están desgastados, sentimos que van en una única dirección o pensamos que se están rompiendo poco a poco. Pon conciencia en esos vínculos para ver cómo afectan a tu día a día: ¿piensas mucho en ello? Cuando estás con tus padres o tus hermanos, ¿sientes que vuelves peor de como has ido? ¿Hay dinámicas que te hagan sentir mal? ¿A qué te recuerdan? ¿Ya ocurrían en tu infancia? Llevar lo inconsciente al consciente te ayudará a comprender por qué te sientes muchas veces como lo haces y a saber qué necesitas y qué puedes hacer para cambiarlo o vivirlo de otra manera.

Qué nos remueve de la familia del otro: Te recomiendo que habléis en pareja sobre qué cosas os remueven de la familia del otro, pero en un momento en que no haya activación emocional, solo ver a qué tenemos que poner más atención. A lo mejor, al hacerlo, entenderemos por qué nos remueve, y eso hará que la próxima vez seamos más conscientes de ello y que no nos afecte tanto. Pero, sobre todo, esta conversación no hará que nuestras familias de origen se conviertan en tabú del que no se puede hablar. Y, ojo, no se trata de criticar a la familia del otro, sino de hablar de cómo nos sentimos cuando ocurre tal o cual cosa. Cuando nos abrimos y mostramos vulnerabilidad, y nos podemos sostener y acompañar en pareja, somos capaces de vivir mucho mejor las nuevas situaciones con la familia. Sentirnos conectados hará que podamos transitar mejor posibles conflictos.

Límites: Te propongo que respondas a nivel individual y en pareja estas preguntas: ¿qué tal te llevas con los límites? ¿Y tu pareja? ¿Te crea incomodidad tener que decirle a alguien, en especial a tus padres, que algo te molesta o no te gusta? ¿Sientes que, si pones límites, no te considerarán un buen hijo? Cuando hay conflicto, ¿tiendes a mirar hacia otro lado para intentar evitarlo y que pase de largo? ¿Eres, o tu pareja es, de los que tragan y tragan y, al final, cuando poner el límite ya es inevitable, lo hacen de mala manera? Más allá de responder a estas preguntas, que os ayudarán a comprender por qué hacéis lo que hacéis, es importante que te preguntes cuáles son tus límites, que averigües qué te ayuda a estar bien y qué te desarmoniza, qué te da seguridad, calma y bienestar, y qué te los quita. Porque cuando tenemos claros nuestros límites, nos es más fácil defenderlos y establecerlos. Pero, sobre todo, primero tienes que plantearte esta pregunta: «¿Siento que soy merecedora de que los demás respeten mis límites o creo que tengo que complacer a todo el mundo y que escucharme a mí y a mis necesidades es egoísta?».

Límites y abuelos: Planteaos estas preguntas: ¿estás a gusto con la relación que tenéis con los abuelos? ¿Sientes que deberíais establecer algún límite o comunicar algo que no os está gustando? ¿Qué dificultad sentís que tenéis para hacerlo? ¿Estáis en sintonía como pareja para afrontar esta situación unidos o tenéis disparidad de opiniones al respecto? ¿Sentís que merece la pena el esfuerzo para comunicaros con ellos o pensáis que no sirve de nada? Habladlo para que, decidáis lo que decidáis, no os desconectéis el uno del otro y os podáis dar apoyo y sostén.

Relaciones entre hermanos: Si sientes que cuando estás con tus hermanos te remueves, o que con el nacimiento de tu segundo hijo estás del revés, puede ser una buena idea revisar tus creencias y vivencias sobre la relación entre hermanos. ¿Recuerdas si tus padres eran justos con vosotros? ¿Os comparaban? ¿Comparas a tus hijos entre ellos o con otros niños? ¿Recuerdas si os daban exclusividad? Cuando vas a casa de tus padres y están tus hermanos, ¿a veces sientes celos? Poner el foco en todas estas cuestiones te ayudará a comprenderte y a ver qué dinámicas disfuncionales se activan cuando estás con tus hermanos o está tu pareja con los suyos. Puede ser revelador y os puede ayudar a poner el foco en heridas que necesitan ser sanadas.

Hacer, pensar, sentir: Te animo a que un día vayas a la naturaleza, donde hay armonía, y que, una vez allí, sientas si esa armonía habita en ti. Es decir: ¿tienes la sensación de que actúas según piensas y sientes o alguna de esas partes está desalineada y no concuerda con lo que te gustaría? Si la respuesta es que no hay armonía, busca dónde se corta y procura analizar qué cambios tendrían que darse para que pudieras ir más en sintonía con todo tu ser. En cuanto a los abuelos, los cuidados de tus hijos y la conciliación… ¿hay armonía? Haz el mismo proceso y, cuando detectes qué ocurre, procura actuar, por poco que sea.

Comprender las removidas: Cuando leías el apartado de los momentos clave, ¿has recordado algún cumple o algunas vacaciones en familia en las que te sintieras muy removida? Te animo a recordar esos momentos y a que, con todo lo que has leído, intentes determinar qué era, en lo profundo, lo que ocurría. Si esas removidas han acabado afectando a vuestra relación de pareja, analiza si, cuando sucedían, hablabais de ello de forma asertiva, si os mostrabais vulnerables y os dabais apoyo y os acompañabais en vuestro sentir, o no. Revisita esas removidas y, en tu mente, dibuja qué habríais podido hacer de otra forma para vivirlas mejor, conectados y unidos.

RESUMEN

✓ La familia de origen y la relación que mantenemos con ella suele suponer una buena removida emocional que a veces acaba afectando a la relación de pareja.

✓ Cada cual tenemos una buena mochila de experiencias y dinámicas familiares que, a veces, se reproducen, aunque ya estemos en la edad adulta. Con la llegada de los hijos, esto se hace, si cabe, más evidente, y durante el primer año del bebé puede provocar algunos conflictos.

✓ Padres, abuelos, hermanos… todo el mundo tiene que resituarse cuando se amplía la familia, y esto lleva un tiempo que podremos encajar mejor si lo vemos como algo natural y necesario.

✓ Con tanta removida, en ocasiones se produce malestar con la familia de origen o situaciones incómodas y desagradables. Lo ideal sería tener la posibilidad de hablar de ello, comunicarlo de forma asertiva y poner límites conectados a nuestro momento y sentir.

✓ Esto puede resultar muy difícil si tenemos una relación con los padres y los suegros en la que sentimos que tenemos que complacerlos o que se ofenderán si les comunicamos lo que necesitamos. Hablar de ello y empoderarnos con nuestra pareja sintiéndonos conectados y unidos nos ayudará a aceptar y transitar este momento.

✓ Cuando hay dinámicas tóxicas con la familia de origen, es importante hacerlas conscientes para ponerles límites y protegernos a nosotros y a nuestros hijos de caer en ellas. Si sentimos que solos no podemos, es importante que busquemos ayuda profesional para que nos acompañe durante el proceso.

✓ Las dificultades de conciliación a veces hacen que los abuelos se ocupen de la crianza y educación de los hijos casi más horas que sus padres, aunque a estos no les guste su forma de actuar. Esto provoca mucho malestar que afecta a todos, también a los peques.

✓ El vínculo entre abuelos y nietos puede ser maravilloso y suponer un gran apoyo para ese niño que los ve como unos grandes referentes en su vida. Puede darse aunque la relación entre padres y abuelos no sea del todo buena, y es importante tenerlo en cuenta para que no seamos un impedimento a esa relación que está por encima, a veces, de lo que hemos vivido nosotros.

10

Amarnos y crecer juntos

Un miércoles a las nueve y media de la noche, cuando Juan acababa de acostar a Bruno, se acercó a Dolo, la cogió de la mano y le dijo:

—*Ven un momento conmigo.*

Salieron juntos al balcón, había luna llena. Dolo no entendía nada.

—*¿Qué pasa? Hace frío…*

Él se metió la mano en el bolsillo, sacó una cajita pequeña, la abrió y le preguntó:

—*¿Quieres casarte conmigo?*

Dolo se echó a reír, emocionada, y lo abrazó fuerte.

—*Una y mil veces —le dijo al oído.*

Ese día la pilló desprevenida, pero habían hablado de casarse muchas veces. Juan estaba obsesionado con que, si les pasaba algo, era mejor estar casados para dejarlo todo atado de cara a Bruno y a las cuestiones legales. Ella no lo veía tan necesario, pero como creía en la necesidad de ritualizar compromisos e hitos en la vida, estuvo de acuerdo en hacer algo sencillo. No habían decidido nada más cuando él se plantó en el balcón y le pidió matrimonio.

—*¿Y se puede saber por qué teníamos que salir al balcón? —preguntó Dolo, aún abrazada a él.*

—*Porque quería a la luna de testigo.*

—*Juan, ¿se puede saber cuándo te has vuelto tan romántico?*

—*Bueno, y porque nos conocimos en el balcón, ¿te acuerdas?*

En los aplausos de las ocho de la tarde durante la cuarentena... ¡Qué fuerte! ¡Cuánto tiempo ha pasado!

—Y que lo digas, pero... ¿podemos entrar ya? Me estoy helando.

Estuvieron una hora hablando del cómo y del cuándo, y vieron lo complicado que era decidir algo que a los dos les encajara. Pero luego Dolo dijo algo que ayudó:

—A ver, que nos liamos. Tiene que ser sencillo, pocas personas, porque no tenemos mucha pasta para invitar, así que prioricemos. Lo más importante es que nos queremos, ya está, ¿vale? Poca parafernalia y que estén los más cercanos. ¿Sí?

Diez meses después, un viernes de un mes de septiembre todavía caluroso, se reunieron familia y amigos, veintiocho en total, en el juzgado de la ciudad. Allí los casaría un concejal amigo de Juan que todavía no había casado nunca a nadie. Estaba nervioso y se le notaba, y eso hacía que todos, entre ellos Juan y Dolo, se fijaran más en él.

—Buenos días a todos y bienvenidos. Estamos aquí para... para celebrar la unión de Juan y Dolo en matrimonio.

«Ay, madre», pensó el novio, que no sabía lo nervioso que se ponía su amigo cuando se convertía en el centro de atención. Pero luego miró a Dolo, tan preciosa, tan moderna y tan auténtica, y la voz del concejal empezó a sonar de fondo mientras su voz interna le aseguraba «Amo a esta mujer con toda mi alma». Casi se pone a llorar al sentir tanto amor cuando, de pronto, oyó decir a su amigo:

—Juan, puedes leer el texto que has preparado.

Se había olvidado, absorto viendo a Dolo, guapísima con ese vestido largo rojo pasión, a su lado. Se metió la mano en el bolsillo del pantalón, sacó un papel doblado y leyó:

—Querida Dolo. Ya sé que dijimos que lo de la boda no era para nosotros, pero soy tan feliz de estar aquí a tu lado, rodeados de familia y amigos... Desde el día que te vi en el balcón, has impactado en mi vida haciéndola mejor. Cuando creía que no podía ser más feliz, llegó

Bruno, y el viaje que hemos hecho juntos desde entonces ha sido sin duda el más apasionante, brutal y transformador de mi vida. Cariño, doy gracias a la vida por ponerte en mi camino. Estoy orgulloso de lo que hemos recorrido hasta el día de hoy, y me hace profundamente feliz pensar que seguiremos amándonos y creciendo juntos. De verdad, es todo lo que quiero: amarte y crecer contigo. Ahora y siempre. Te quiero. Y sí, yo más.

Las últimas tres frases las dijo llorando y secándose las lágrimas, a trompicones y haciendo llorar a todos los invitados que había allí, menos a Bruno, que se entretenía con una rosa que le habían dado para evitar que corriera hasta sus padres. Dolo lloraba deseando no fastidiar el maquillaje que ella misma se había puesto esa mañana. Luego pensó: «Qué más da, Juan me acaba de decir las palabras más bonitas que he oído nunca; todo lo demás no importa». Luego, le tocó a ella. No sacó ningún papel. Lo miró a los ojos y le dijo:

—¡Jolín, Juan, menuda llorera me ha entrado…! Me gustas porque tienes la capacidad de sorprenderme cuando ya hace muchos años de esa tarde en el balcón. Me gustas porque eres apasionado, cariñoso e inteligente, pero, sobre todo, porque no te da miedo aprender y crecer juntos. Porque no temes ser vulnerable, porque me apoyas en todo y me sostienes cuando ni yo puedo conmigo. Me gustas porque lo que hemos creado en nuestra relación es más de lo que creía posible. Porque hemos aprendido no solo a ser una pareja que se ama, respeta, admira y apoya, sino porque hemos aprendido a ser padres y a criar juntos. Y seguimos en ello, porque el aprendizaje no termina, al contrario. Sigue, y sigue, y sigue… pero me veo capaz de afrontarlo todo si estamos juntos, amándonos como cada día. Todo lo que quiero yo también es amarte y crecer contigo. Te quiero. Y sí… puede ser.

Juan se rio y la abrazó con lágrimas en los ojos, sintiéndose muy feliz y brutalmente lleno de amor y gratitud.

El resto de lo que pasó ese día no importa mucho. Fue una comida agradable y una fiesta en la que los novios y los amigos de Juan y Dolo, algunos ya divorciados, se pegaron unos baileteos dignos del fin del mundo. Bruno se fue a dormir a casa de la abuela, y así la pareja pudo volver a casa y, por lo menos, no tener que hacer todo lo que conlleva la noche de bodas con un niño pequeño al lado.

En el recibidor, quitándose con alivio los zapatos que llevaba, Dolo dijo:

—Estoy RE-VEN-TA-DA.

—Y yo. No me siento las piernas.

—Juan, he flipado con tu discurso… Me has dejado tiesa.

—¿No has dicho que tengo la capacidad de sorprenderte? Pues eso. Soy una caja de sorpresas…

—Me ha encantado. ¿Sabes lo que más me ha gustado?

—¿Qué?

—Que hayas dicho que lo que querías era amarme y crecer juntos. Porque yo quiero lo mismo.

—¿Amarte?

—¡Tonto! —exclamó Dolo riendo—. Amarte a ti y crecer juntos.

—Es que el hecho de que nos hayamos casado no cambia nada: es decir, algunos días habrá roces, Bruno crecerá y haremos frente a nuevos retos, se nos removerán otras cosas… Pero me apetece vivir eso contigo y aprender contigo y crecer contigo.

—Y a mí. Este es el error de mucha gente: pensar que, después de casarte, ya es coser y cantar, o que ya es como un cheque en blanco y a seguir estupendamente toda la vida. Y no. Quizá vengan crisis y pasen cosas…. porque en la vida siempre pasan. Pero creo que sabemos qué tenemos que hacer para seguir caminando juntos, amándonos y admirándonos, creciendo y aprendiendo.

—Sí, por favor, no seamos de esos que se casan y la cosa se va al garete en seis meses.

—Ni de coña. ¡Yo a ti no te dejo escapar!

—*Eso espero, porque quiero esto que tenemos y hacerlo crecer años y años... Y, ahora, lo que quiero es...*

—*No me lo digas. ¿Dormir?*

—*Eso también, pero después de...* —*Juan empezó a besarla mientras le bajaba los tirantes del vestido—. Por cierto, cuando te he visto de rojo, casi me empalmo delante de toda la familia. No me vuelvas a hacer eso, no sabes lo mal que lo he pasado intentando bajar la excitación...*

—*¡Qué le voy a hacer, si estoy buenísima! ¡Te aguantas!*

—*Ahora sí que no me voy a aguantar. Es nuestra noche de bodas y no podemos despertar a Bruno, así que deja que te quite este vestido tan bonito que has llevado todo el día mostrándome lo guapa que eres.*

—*Quítamelo. Ya. Tengo unas ganas de hacer el amor que...*

Y así empezó una noche de sexo, amor y gozo en una casa llena de juguetes de niño, ropa por doblar y mucho por vivir.

LAS DISTINTAS ETAPAS DE LA INFANCIA Y NOSOTROS

La vida en pareja también va experimentando cambios a medida que los hijos crecen porque todo cambia, empezando por nosotros. Pero también los niños, las circunstancias, los miedos, etc. Cuando nos estrenamos en lo de ser pareja y padres a la vez, todo es muy intenso. Tenemos que cuidar de un bebé vulnerable, inmaduro, que nos necesita para sobrevivir, que llora, que enferma... y hacerlo desde un momento muy removido en el que todo es nuevo y encima somos inexpertos. Además, durante los primeros años, muchos somos muy atrevidos —o inconscientes, ¡ja, ja, ja!— y decidimos tener no uno, sino dos hijos, tres, cuatro... *My God*, ¡estamos locos! Fuera bromas: es una etapa muy intensa.

Desde que nacen hasta los dos años son bebés muy demandantes que nos necesitan casi para todo. Las emociones se remueven en los cuidados, sus demandas, su malestar y su llanto, pero también en sus risas y su cuerpecito pequeño, que nos conecta con la ternura y el amor más infinito. Ahí, casi sin tiempo para descansar o dormir, y casi sin tiempo personal o de pareja —vale, estoy exagerando, pero quizá no mucho—, todo se magnifica. La montaña se ve altísima cuando uno no tiene sus necesidades satisfechas, la verdad.

Y los peques crecen, y luego entran en la etapa egocéntrica. De los dos a los seis o siete años nos dicen «¡Aquí estoy yo!», y empiezan a no hacer caso de todo lo que les decimos. Ya no nos parecen tan monos cuando nos llevan la contraria, ¿verdad? A menudo aumentan las discusiones de la pareja. Sigue siendo un tiempo muy cansado en el que quizá todavía no se duerme bien, y, además, durante el día, a veces da la sensación de que al niño nada le parece bien. No es eso, pero ¿a quién le va a contar su malestar, el pobre, si no es a sus padres? Y su malestar es también el no comprender cómo funciona el mundo y por qué lo que él quiere y está programado para pedir —fase egocéntrica, recordémoslo— no puede ser. Expresan frustración, enfado y mucha inseguridad intensamente y sin filtros. Y si encima se tiene más de un hijo en esta etapa, es como la historia interminable: no ha acabado la movida con uno que ya empieza con el otro, y la conexión en pareja, en medio del tsunami, parece no tener espacio.

De hecho, muchas parejas se separan justo entonces, cuando sus hijos tienen de dos a siete años. Una amiga me dijo: «No hemos sobrevivido como pareja a tanta intensidad. No han sido los niños, sino nuestra poca fortaleza, que ya flaqueaba, y se ha hecho evidente ante tanto reto». Me parece un buen resumen de lo que ocurre a veces.

Luego llega la que yo llamo «etapa tranquila», la de primaria hasta los diez u once años. Dejan atrás la fase egocéntrica y están a tope con la socialización con iguales. Esto a veces da aire a la pareja: resulta que su hija tiene una fiesta de pijamas en casa de una amiga y, oh sorpresa, reciben el regalo de una noche solos, lo que antes quizá no pasaba. O ese sábado que invitan al hijo a una fiesta de cumpleaños y de repente más sorpresa: tienen un día entero para disfrutar en pareja. «Vemos la luz», dicen muchos, pero no solo por eso, sino también porque es como que está todo mucho más asentado y hay más experiencia y práctica. La cuestión entonces es si, después de la removida de la primera etapa, cuando nos llega ese sábado solos, somos capaces de disfrutarlo juntos. Si todavía tenemos ganas de estar juntos cuando nos miramos o si nos hemos apartado tanto y ha sido todo tan a salto de mata y desconectado que ya no sabemos ni quiénes somos más allá de compañeros de piso y de crianza.

Es importante que esta etapa se aproveche para reconectar, si ha habido distanciamiento, y volver a recorrer camino juntos, revisar la base y los valores, y cargar mucho las pilas. Claro que en esta etapa también pasarán cosas a todos los niveles, pero no tiene la intensidad de la primera infancia ni la de la adolescencia. A partir de los diez, once o doce años, dependiendo de cada niño, volverá la removida familiar, porque la infancia se está empezando a despedir para llegar una adolescencia que tendremos que seguir acompañando, pero de otra forma.

Aquí hay de nuevo un superviaje. Sí, tendremos más tiempo para la pareja porque, quizá, lo último que quiera el adolescente sea pasar tiempo con nosotros, pero necesitaremos recolocarnos en las nuevas necesidades de la etapa, y esto no siempre es fácil. Puede que se activen los miedos, la desconexión con el hijo puede removernos mucho y volver la fricción en la pareja si no somos capaces de formar equipo y navegar de la mano. Hay adolescencias más *light* y otras más *hardcore*, pero, sean como sean, suponen un cambio para absolutamente todos, y esto también puede afectar a la relación. Vuelve la intensidad y, muchas veces, los dolores de cabeza, que ocupan mucho espacio de conversación, dependiendo de cómo se transite todo.

Después de los años más removidos de la adolescencia, llega la juventud. Unos están encarrilados y otros no, viviendo en casa sin saber muy bien hacia dónde apuntar en su vida. La confusión, el desconcierto, quizá el malhumor y la falta de rumbo puede contagiarse a toda la familia. Otros, en cambio, tienen clarísimo lo que quieren, y esto no concuerda con lo que les gustaría a sus padres, lo que también provoca malestar en ambas partes.

Vamos, te cuento todo esto no para que te deprimas, por supuesto, sino para que veas el viaje que es acompañar a los hijos, y que en realidad no acaba. Bueno sí, un día se irán —¡esperemos!— y harán su vida, pero seguiremos acompañándolos en los grandes retos y cambios de su vida hasta que... un día muramos.

Poner perspectiva y ver este camino con el gran angular ayuda a preguntarnos...

¿Quiénes seremos cuando los hijos se vayan?

Este aprendizaje tan brutal que es el acompañar a los hijos y crecer como familia se hace a la vez que la vida se sucede y avanza, a la vez que vamos cambiando y nos transformamos. En ocasiones, lo que pensábamos cuando los niños tenían tres años ya no lo vemos igual cuando cumplen los trece. O lo que veíamos clarísimo que haríamos cuando tenían trece años, es todo confusión cuando cumplen los diecisiete. Ahí está la magia más maravillosa de la vida, que se despliega día a día: nada está fijo ni es inamovible. Porque, con el movimiento de la vida, también nosotros nos movemos y removemos, viendo lo que quizá antes no veíamos y dándonos cuenta de que, entre el blanco y el negro, hay mil matices de gris.

En esta transformación, solo la vida sabe si, cuando nos miremos en el momento en que los hijos ya no estén en casa, sabremos reconocernos como pareja. Ojalá que sí, pero, en cualquier caso, ¿te das cuenta de lo brutal que es lo que habremos hecho? ¿Del gran viaje que habremos compartido? ¿De lo mucho que habremos aprendido? Lo que tengamos entonces será el resultado de todo lo que habremos ido sembrando los años anteriores, desde que nos vimos por primera vez. Los dos habremos cocreado nuestra propia realidad de pareja, y será maravillosa o no según los ingredientes que hayamos puesto en la receta. Sí, de alguna forma, la siega depende de la siembra.

Si cuando nos miramos nos sabemos todavía allí, uno al lado del otro, abracémonos fuerte y celebremos por todo lo alto el camino recorrido y la siembra hecha. ¡Claro que habremos recogido frutos, solo faltaría! Pero ese punto es un gran hito: cuando en una casa de tres, cuatro, cinco, seis o siete personas reina el silencio porque ya solo quedan dos. Y los espacios se hacen enormes y los vacíos, a veces, también. Saber llenar esos espacios con nuestra relación de pareja y con nosotros mismos depende de si no hemos perdido el hilo a lo largo de los años, de si hemos sabido seguir conectados con nuestra esencia y con la del otro.

Quizá ahora tienes un hijo de dos años y esto que te estoy contando te parece ciencia ficción, pero recuerda que los días son largos, pero los años, muy cortos, y pasan, literalmente, vo-lan-do. Así que creo que es bueno poner mucha conciencia en cómo los cambios que vamos viviendo, a todos los niveles, nos van afectando y transformando, para que veamos si nos están ayudando a evolucionar en paralelo o hacia diferentes caminos.

A veces evolucionamos en paralelo pero a diferente ritmo, y es normal porque nosotros somos diferentes. Aquí lo importante es que esta distancia y diferencia de ritmo no se agrande en exceso porque, si no, también se hace cuesta arriba al llegar la sensación de «No nos encontramos, aunque sentimos que estamos en la misma página».

En este sentido, también os animo a plantearos con cierta frecuencia la pregunta de…

¿Quiénes queremos ser?

¿Por qué no nos lo preguntamos más a menudo? No solo quiénes queremos ser, sino también quién quiero ser, a nivel personal, como profesional, como madre, como padre... Ir por la vida como si todo nos hubiera sido dado y ya no hubiera posibilidad de cambio ni de transformación es una creencia superlimitante. Una creencia que, además, hace mucho daño porque crea un marco mental en el que nos deja como sujetos indefensos, sin el poder de transformar la realidad que vivimos. Yo no lo veo así. De hecho, siento profundamente que plantearnos quiénes queremos ser como pareja, buscar referentes y remar juntos para conseguirlo nos ayuda a lograr lo que creíamos posible. Pero claro, no llegará a suceder si nuestra mente nos dice frases como «Tienes que conformarte con este tipo de relación porque, a esta edad, ¿qué quieres?», «La gente no cambia» o «Yo soy así, qué le vamos a hacer», etc. Esta forma de pensar nos roba toda la responsabilidad de hacer algo para ir dando pasos que nos lleven hacia donde queremos ir.

Yo estoy en el equipo de tomar las riendas de nuestra vida, de empoderarnos y responsabilizarnos a la vez. Esto implica curro, curro del bueno, arremangarse y limpiar mucha mierda a nivel de creencias, patrones, forma de relacionarnos, maneras de actuar... para cada vez acercarnos más a las personas que queremos ser. No se trata de buscar el ideal de perfección —que, por cierto, no existe—, sino de llegar a la armonía, el bienestar y la paz con uno mismo a nivel personal y también, claro está, en la relación de pareja.

Llegar juntos a ser lo que queremos: quizá una pareja que vive plenamente cada instante, que se apoya, que se sostiene, que no se juzga y que no teme abordar el conflicto porque sabe que forma parte de la vida y que los ayuda a crecer. Pero para conseguirlo primero tenemos que plantearnos qué queremos, qué nos gusta y qué no, qué deseamos..., y luego revisar si nuestra mente nos dice que eso lo merecemos.

Este es el gran mal: creer que no nos merecemos relaciones sanas, conectadas y felices, creer que son guindas en el pastel de algunas personas con mucha suerte. Pensar que quizá con lo que tenemos ya es suficiente, aunque nos haga sentir un poco vacíos, y que a lo mejor vale más la pena conformarnos con poco que querer más y quedarnos sin nada, aunque lo que tuviéramos fueran solo migas.

Así que lo que te propongo es que te dejes sentir quién quieres ser, y que lo hables y lo sientas con tu pareja: qué padres, qué amantes, qué personas... Luego, trazad un plan que quizá al principio sea muy vago, pero poco a poco se irá definiendo, y como lo haréis y lo trazaréis juntos, os podréis ayudar. Supongamos que eres una madre que grita mucho y decides que no quieres seguir así. Lo habláis, buscáis cómo os puede ayudar hacerlo como pareja y como individuo. Quizá buscando a un profesional, quizá relevándote cuando empieces a ponerte nerviosa, etc. Y añadid un objetivo común, por ejemplo, ayudarte a ser la madre que quieres. Y como esto, todo lo demás. Juntos, remando hacia una realidad que tenéis claro que puede manifestarse porque la estáis creando cada día cuando la imagináis, la trabajáis, la lleváis a cabo con pequeños gestos que se van sumando.

Es vital tener la meta clara y saber qué queremos, pero muchas veces ni siquiera hablamos de ello. No, hablémoslo, imaginemos juntos, creemos realidades mentales antes de bajarlas a la tierra y que, poco a poco, nos vayan penetrando e impregnando nuestros poros. Que cada vez eso que imaginemos sea más real, más tangible, y que un día nos miremos a los ojos y nos veamos en lo que imaginamos, siendo los que queríamos ser.

Eso te deseo, ahora y siempre.

Dejar huella en los hijos

Lo que te acabo de contar es tremendamente importante porque, mientras tú vas recorriendo tu camino a nivel personal y con tu pareja, tus hijos te observan, toman nota y se impregnan de tu manera de vivir. Si no tienes creencias limitantes, es más fácil que ellos tampoco las tengan, y si ven que habéis conseguido llegar a ser los que queríais ser como personas y como pareja, sintiéndoos satisfechos y felices, seréis un referente maravilloso para ellos.

Pero no será solo eso lo que los ayudará y la huella que les dejaréis. Esa huella tendrá que dejarse también en cada conversación sobre las relaciones de *forever and ever* y de príncipes azules que rescatan a princesas indefensas cuando veáis una película o serie un poco caduca, y cuando os pregunte por qué se han separado los padres de Martín. Pero, sobre todo, cuando empiece a gustarle alguien u os cuente que su amigo está saliendo con esa persona y que les pasa esto o lo otro en su relación. Ahí, en esas conversaciones, en esos espacios de siembra, también dejaréis huella.

A lo mejor haremos todo esto y nuestros hijos caerán en situaciones que quizá queríamos evitar. Bueno, no significa que no hayamos sembrado ni dejado huella, pero quizá necesitan aprender por sí mismos, por mucho que les hayamos dicho «Por ahí no es». A veces es justo lo que más atrae, llevar la contraria a los padres —¡ja, ja, ja—. Sí, también hay algo de eso a veces. Pero, aunque ocurra en alguna ocasión, no desistas: sigue sembrando y confiando en que tu siembra va calando, va llegando y va impregnando lo más profundo.

Entrar en la culpa cuando las cosas no son tan bonitas como nos gustaría es un error. En la vida no solo influimos nosotros, hay mucho rodeando cada circunstancia y a cada persona, también a nuestros hijos. Respira, revisa de dónde viene esa culpa que ha irrumpido y, sobre todo, confía.

TE PROPONGO...

Etapas y relación de pareja: Como te he contado en el apartado de las etapas de la infancia sobre cómo las relaciones de pareja se ven muy influidas por ellas, te propongo el juego de ver cómo habéis ido atravesando cada etapa. Ponedle conciencia desde un gran angular que os dé el máximo de perspectiva posible. De hecho, te recomiendo que hagáis este ejercicio en un lugar elevado: una terraza, un balcón, un paisaje bonito y alto, la cima de un monte… Un lugar donde la vista tenga campo libre en el que mirar, y así, con la apertura que nos dan los espacios abiertos, os cueste menos ver qué ha pasado en lo superficial y en lo profundo de cada etapa. Al mismo tiempo, fijaos en cómo ha ido viviéndolo vuestra relación de pareja. Este ejercicio es… UAU, muy poderoso, de verdad. Te abre los ojos y te da paz al ver el conjunto: la evolución, todo lo superado, todo lo aprendido… Valorarlo y agradecerlo es fundamental para seguir avanzando.

Foco en la evolución: Te propongo que, a raíz de lo que te he contado sobre si evolucionamos en paralelo, en direcciones opuestas o a qué ritmo, reflexionéis por separado y luego juntos respecto a cómo está siendo vuestra evolución. ¿En qué punto estáis ahora? ¿Os sentís en la misma página, en sintonía? ¿Creéis que vais a una velocidad similar o hay distintos ritmos muy acusados? ¿En qué os sentís evolucionando a la par y en qué no? Quizá como padres os sintáis muy en sintonía, creciendo y evolucionando en paralelo, pero a nivel de sexualidad o relación de pareja, por ejemplo, no estáis en el mismo plano. Revisadlo y hacedlo consciente.

¿Qué queréis ser?: Ahora os propongo que, más que hablar e intentar imaginarlo juntos, lo escribáis en un papel por separado y luego compartáis lo que habéis escrito cada uno. ¿Coinciden algunos puntos? ¿Cómo os veis dentro de unos años? ¿Qué anheláis a nivel de relación de pareja? Escribirlo ayuda mucho a la toma de conciencia, obliga a pensar de otra forma y así, cuando lo compartáis, será más reflexionado, quizá porque lo habéis tenido que pensar más para escribirlo y no soltarlo hablando sin pensar.

Puedes cambiar: Para hacer mi propuesta anterior es esencial que descubráis si tenéis creencias limitantes que os digan, por ejemplo, que esto no sirve para nada porque no podéis cambiar, sois como sois, o que las relaciones son las que han sido siempre y que no evolucionan. ¿Sentís y creéis que podéis cocrear la relación que os gustaría tener y llevarla a otro nivel?

RESUMEN

✓ La relación de pareja se va transformando con las distintas etapas de desarrollo de los hijos. No se tiene el mismo tiempo, la misma dedicación o los mismos miedos cuando los hijos son bebés o niños pequeños que cuando han cumplido quince años.

✓ Aprender de cada fase e ir siendo conscientes de cómo nos vamos adaptando a ella cuidando el uno del otro nos ayudará a transitar cada etapa sin grandes sismos en la relación.

✓ Es casi imposible no evolucionar como pareja cuando se tienen hijos, pero el quid de la cuestión es cómo lo hacemos —en paralelo o en direcciones opuestas— y a qué ritmo, porque a veces, aunque vayamos en paralelo, las velocidades son muy distintas y eso puede provocar distanciamiento y desconexión.

✓ Una relación de pareja la vamos cocreando los dos: ser conscientes de ello y preguntarnos qué queremos ser nos ayudará a vivir juntos la realidad que deseamos y que hemos ido sembrando.

✓ Nuestras creencias son claves para transformarnos en aquello que queremos como padres, como pareja, como personas… Si creemos que la gente no cambia, no nos daremos la oportunidad de hacerlo. Para llevar nuestra relación a otro nivel, antes debemos creer que es posible y tener la conciencia, las ganas y el compromiso necesarios para conseguirlo.

Epílogo

Termino este libro un día de lluvia con el sentimiento de no querer acabarlo. Hay tanto que contar en algo tan profundo, bonito y a la vez removido como son las relaciones de pareja cuando se tienen hijos y lo he disfrutado tanto que no quiero que termine.

Vivo la relación de pareja como algo precioso que me ayuda a crecer, a formarme y a evolucionar como ser humano, aprendiendo del otro, de los dos, teniendo en las manos la tarea más difícil e importante: criar y educar a nuestras hijas. A estas alturas, no tengo ninguna duda de que la vida nos pone delante a las personas que precisamos para aprender lo que necesitamos saber, personas que nos hacen de espejo. Si estamos abiertos, nos ayudan a darnos cuenta de aquello que tenemos que ver y atender.

Si esto ocurre con cualquiera con quien mantenemos cierta relación cotidiana, ¿qué no sucederá con una pareja con la que no solo compartimos unos hijos, sino también nuestro día, nuestra vida y nuestra máxima intimidad? Vivir este viaje con los ojos y el corazón bien abiertos es un regalo tremendo que ojalá todo el mundo pudiera saborear conscientemente. Sí, a pesar de las discusiones (recuerda que el conflicto es inherente a la vida y tiene la función de ayudarnos a aprender), las desconexiones, los desencuentros, las dificultades y los desacuerdos. A pesar de todo y en todo, hay una belleza extraordinaria en la danza que dos almas bailan durante un tiempo, compartiéndose entre ellos y con los hijos, y me parece profundo y bello.

Aunque nos hayamos separado, seguiremos siendo dos almas unidas en un tiempo y un espacio que deberán seguir criando y educando a los hijos compartidos, aprendiendo y creciendo desde otro plano, quizá con otras personas en la ecuación, con más aprendizajes aún…

Debemos verlo en perspectiva, como si saliéramos del planeta Tierra y, flotando en el Universo, observáramos el puzle de piezas interconectadas que recorren el camino juntas durante un tiempo, durante una vida o más, ¿quién sabe? Lo encuentro tan apasionante y precioso que todas las pequeñeces, todos los rifirrafes y todas las tonterías que nos separan quedan tan lejos de lo verdaderamente importante que dejan de tener relevancia. Hay más, mucho más que la discusión sobre quién baja la basura. Está el dolor escondido que cada uno llevamos dentro, el linaje familiar que hace quién sabe cuántas generaciones va pasando de padres a hijos, el amor vivido desde diferentes planos, según cada persona… Hay tanto y tan profundo que siento que es necesario ponerle mucha conciencia para comprender este camino a veces tan cuesta arriba.

Con la relación de pareja se puede tocar el cielo, pero también bajar al infierno, en especial cuando se tienen hijos. Podemos sentirnos muy felices o muy desgraciados, maldiciendo el día que la vida hizo que nos cruzáramos con esa persona. En cualquier caso, y en los miles de grises que hay en medio, nos tocará, queramos o no, aprender, evolucionar y transformarnos. Ninguna relación nos deja como estábamos. Ninguna.

Con este libro he intentado poner conciencia en un montón de cosas mundanas (y no tanto) que nos suceden en la relación de pareja con hijos, para que podamos transitarlas de una forma más plena, con mayor comprensión y una mirada más amplia y profunda de lo que ocurre. Pero, sobre todo, para empoderarnos en estas relaciones y ser una parte responsable que cocrea una realidad más afín a lo que queremos en realidad, saber qué ocurre, arremangarnos y ponernos manos a la obra para solucionar esas partes de nosotros que necesitan una limpieza y puesta a punto.

Digamos que la relación de pareja, cuando se tienen hijos, nos espabilará seguro, y no nos quedará otra que aprender y crecer, pero podemos hacerlo desde el sufrimiento y sin verlas venir o desde la conciencia de lo que está ocurriendo, siendo parte activa para una buena evolución. Vivir plenamente cada etapa, ir saboreándola, tanto si es una crisis como si es un momento de paz y de calma.

Quizá no te he contado nada nuevo, pero a veces va bien que nos lo recuerden y, a través de la lectura y la toma de conciencia, ir revisando aspectos que quizá no por sabidos son menos importantes o no por sabidos se hacía algo al respecto. Espero que hayas disfrutado de la lectura, que se te haya hecho amena y que, de alguna forma, poco o mucho, te haya ayudado.

No soporto los ensayos que se quedan en la mesita de noche o en una estantería acumulando horas y polvo. Para eso, mejor no gastarse el dinero. Pero adoro aquellos libros que nos ayudan a hacer clic por dentro y que ponen luz a rincones donde solo había oscuridad. A veces nos hacen felices, nos cabrean o nos dan el aliento que necesitábamos. Son textos que te hablan y que parecen haber sido escritos para que tú, ahora, lo leas.

Ojalá *Criar juntos* haya sido uno de estos libros. Lo he disfrutado tanto que me da pena estar terminándolo. Sé que seguiré cambiando y creciendo, y quizá dentro de cinco años hablaría de este tema de un modo distinto o quitaría unas partes y añadiría otras, es inevitable. Pero sé que es fiel a todo lo que siento y he sentido a lo largo de mi vida respecto a este tema, y he podido incluir lo que creo que te servirá.

Ha sido un placer acompañarte. Espero que también tú lo hayas vivido así. Hasta pronto.

Agradecimientos

Quiero dar las gracias en primer lugar a mi madre por leer cada nuevo capítulo mientras lo iba escribiendo y hacerme de coach animándome y diciéndome «Vas bien, sigue». A mis editores Núria y Carlos, a los que les apasionó el tema desde el minuto uno y apoyan mi trabajo de divulgación con cariño y profesionalidad.

Gracias a Juan y a Dolo, los dos personajes que nacieron en la cuarentena y que tan buenos momentos me han ofrecido. ¡Qué bonito que nos hayan podido acompañar también en este libro! Mucho antes de ponerme a escribirlo, me hablaban, y pensaba que quizá tendrían hijos y removidas, de manera que me parece genial que haya sido así. Espero que te hayan hecho la lectura más amena.

Un GRACIAS a mi marido, con quien he aprendido y sigo aprendiendo tanto y con quien soy más feliz de lo que nunca habría imaginado. Juntos hemos roto patrones y creencias, y estamos co-creando la realidad que queremos vivir. Caminar a su lado y criar y educar juntos a nuestras hijas es un gozo, y lo aprecio como un regalo de la vida que saboreo conscientemente. Gracias, amor, y por muchos años más.

Me doy las gracias también a mí por haberme sentado a escribir de una manera incansable, con ganas, con amor, incluso en momentos en los que creía que mis dedos no teclearían nada, pero confiaba en mí y en el poder que a veces tiene la palabra escrita para ayudar a hacer clic y transformar a personas y momentos. Me doy las gracias por mi constancia, mi confianza, mi intuición y mi voluntad de escribir libros que ayuden a las familias a ser más conscientes y a vivir una vida más plena y feliz.

Por último, pero no menos importante, te doy las gracias a ti que me estás leyendo. Gracias por llegar hasta aquí. Espero que lo hayas disfrutado y que te lleves algo profundo que te ayude en tu relación de pareja, en la crianza de tus hijos y en tu vida en general.

De verdad, ahora y siempre, gracias por leerme.